family field
親子田

family field
親子田

這樣讚美與責備，養出
高自尊孩子

自分でできる子に育つ　ほめ方　叱り方

精通蒙特梭利、瑞吉歐的牛津博士這樣和孩子說話

作者　島村華子　　譯者　陳冠貴

CONTENTS

第三章 不傷感情的責備，養出高自尊孩子

CONTENTS

第四章 與孩子建立聯繫的傾聽習慣

第五章 這種情況怎麼辦？牛津博士來解答

CONTENTS

前言

無論在家庭或教育第一線，該如何稱讚與責備孩子，都是件困難的苦差事。

你是否曾經認真想過如何稱讚或責備孩子？

你是否在稱讚或責備孩子時，不自覺用過以下詞彙呢？

稱讚詞

「好棒！」

「做得好！你真天才！」

「真不愧是哥哥（姊姊）！」

責備詞

「早就跟你說不行了吧！」

「快點去做〇〇！」

「為什麼不能遵守約定？」

我們發現，大人使用的「稱讚」和「責備」方式，其實很大程度地影響了親子關係和孩子如何成長。**許多被認為「自我肯定感」低落的孩子，原因或許是出在「無效的稱讚或責備方式」，而非謙遜文化造成的「稱讚**

不足」。

我在加拿大擔任蒙特梭利教育的教師時，親身體驗了「獎勵」和「處罰」的無效性。我發現，對孩子來說，獎懲不僅意義相等，而且本來就是不必要的舉動。**原因出在，如果孩子們的行為只是為了得到獎勵，或是避免被大人處罰而做，要弄清楚他們真心好奇或感興趣的事物，將會變得非常困難**。

我在剛擔任教師那段時期，曾經稱讚一個很快寫完字的孩子：「好棒喔！你寫得好快！」後來那個孩子每次都飛快地把作業做完拿給我看。他既不會多花時間，也不會按自己喜歡的方式寫，只專注於「快點完成」，藉此獲得我的稱讚。

換句話說，我在教學經驗中發現，**透過稱讚的行為來給予獎勵，和處**

罰一樣，即使是無意識的，也會根據不同的做法，從外部控制了孩子們的行為與動機，可能會干擾孩子真正想做的事。

我對孩子們內心湧現的動機越來越感興趣，因此我結束了教學生活，前往英國，研究基於動機理論更有效的稱讚方式。

此外，我也對蒙特梭利教育法以外的教育非常有興趣，因此進一步研究了蒙特梭利及瑞吉歐．艾米利亞（Reggio Emilia）教育法的效果。儘管這兩種教育法在教學計劃之類的微觀教育方法上大相逕庭，但以宏觀的角度來看，它們的基礎都是絕對地尊敬和尊重孩子，這點非常相似。

蒙特梭利教育法和瑞吉歐．艾米利亞教育法皆認為，每一個孩子都有與生俱來的能力，是強大的學習者，不僅如此，還把孩子視為一位擁有權

利的城市公民。這兩種教育法的核心概念是「孩子在大人心中的形象／看法」。若將兒童視為獨立的城市公民，大人將會退居配角，該做的是努力創造一個環境，增強孩子能夠「自己試試看」的自主性，滿足他們的研究興趣；若將兒童視為擁有權利的城市公民，大人就會尊重孩子的主張，並不忘以謙虛的學習態度對待他們。

如上所述，孩子在大人心中的形象，不僅會影響和孩子相處的方式，也會對教育理念和大人扮演的角色造成很大影響。而且，談到教育及育兒時，我們必須重新審視，大人是否會在不知不覺間，把自己認定的「成功」觀念強加到孩子身上，或是以管教為名，不自覺把愛當做討價還價的工具，施行「有條件教養」。

「蒙特梭利教育法」概念圖

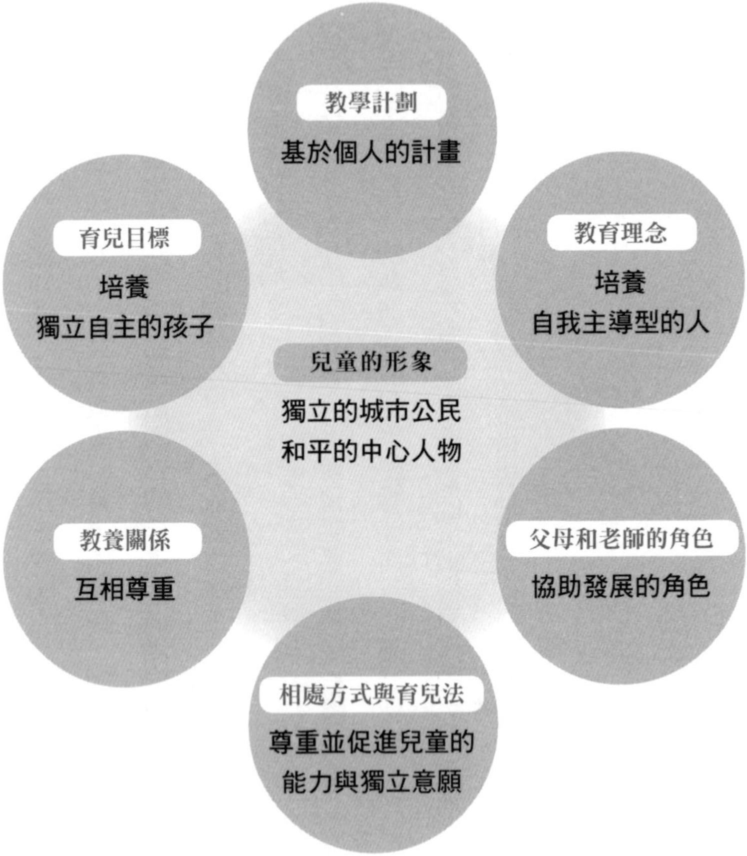
教學計劃
基於個人的計畫
育兒目標
培養
獨立自主的孩子
教育理念
培養
自我主導型的人
兒童的形象
獨立的城市公民
和平的中心人物
教養關係
互相尊重
父母和老師的角色
協助發展的角色
相處方式與育兒法
尊重並促進兒童的
能力與獨立意願

「瑞吉歐教育法」概念圖

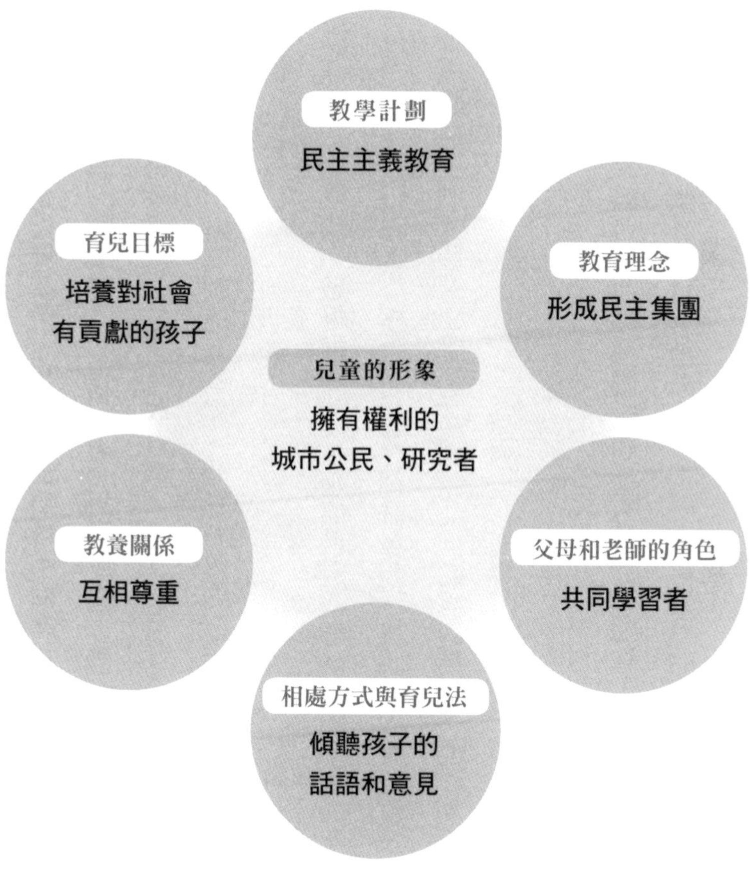
教學計劃
民主主義教育
育兒目標
培養對社會
有貢獻的孩子
教育理念
形成民主集團
兒童的形象
擁有權利的
城市公民、研究者
教養關係
互相尊重
父母和老師的角色
共同學習者
相處方式與育兒法
傾聽孩子的
話語和意見

用心設想如何稱讚和責備孩子才是為了他們好，而非用來滿足大人的自我，這是什麼樣的教育呢？還有，不強加大人的期望或評價在小孩身上，這是怎樣的育兒方法呢？我以一名幼兒教育家，以及兒童發展學研究者的身分，希望以教育理論和研究數據為基礎，分享有效的口頭教養方法，因此撰寫了這本書。

本書不僅介紹「好棒」、「做得很好」、「好厲害」，以及「不行」、「不可以」等常見用語為什麼有不良影響，也將介紹許多親子對話的教養重點，教你如何擺脫這些口頭禪。此外，本書也會介紹如何認真對待孩子的一切，不以愛為誘餌，「無條件教養」的原則與方法。

只要稍微改變平常隨口說的「稱讚」和「責備」口頭禪，就能和孩子建立更多聯繫。此外，父母們只需稍微重新正眼看待自己的孩子，或許就能從「有條件教養」轉變為「無條件教養」。我希望這本書能幫助各位讀者更輕鬆育兒，或對教育第一線的工作者有所助益。

附帶一提，本書所提及的稱讚和責備表達法，適用對象是三至十二歲的孩子。

第一章

教養，從改變父母的說話方式開始

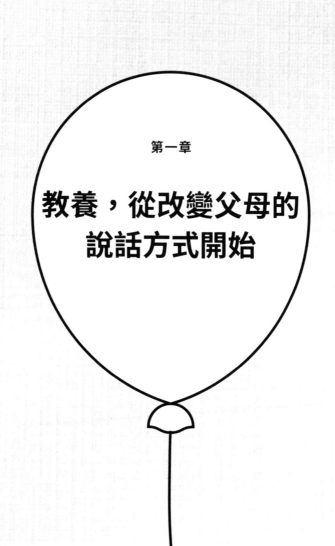

這些稱讚會剝奪孩子的自主性？

在教養中，「給予獎勵」和「處罰」是糖果與鞭子。即使不是有意為之，父母還是能使用這些糖果與鞭子，按父母的心意成功控制孩子的行為。

這就是「有條件的相處方式」[1]。這種做法也稱為「正增強」❶（positive reinforcement），它常用於訓練動物，以增加人類所期望的行為頻率。「有條件的相處方式」的反面，就是「無條件的相處方式」。讓我們來仔細看看這兩者的區別。

有條件教養 vs. 無條件教養

1. 有條件的相處方式（有條件教養）

根據孩子行為的好壞，使用獎懲調整給予孩子的愛，意圖控制孩子的行為。

2. 無條件的相處方式（無條件教養）

給孩子的愛不因孩子行為的好壞有所區別，能體諒孩子的心情。

在育兒時若採取「無條件的相處方式（無條件教養）」，表示無論孩

❶ 指在進行某個行為之後，給予受測對象喜愛（或能引起愉悅）的刺激，並使該行為的出現頻率增加。例如：小白鼠按下按鈕就能得到食物，而增加了它按按鈕的次數。

子的行為好壞如何，給孩子的愛都一樣。大人不控制孩子，而是考慮他們的心情，認真面對孩子會做出這種行為的原因。

與此相比，「有條件的相處方式（有條件教養）」是只在孩子按照大人心意行動時才給他們愛，當孩子未符合期待時，大人就把愛收回。

我想應該也有許多人認為：「才不會有這種事，父母總是愛著孩子，正因如此才會責罵或稱讚，那是為了孩子好。」這話也確實沒錯。可是，幼小的孩子對父母的愛情變化很敏感。因此，**如果父母重複以愛為誘餌的相處方式，會讓孩子得到稱讚時感覺到被愛；而不這麼做的時候，孩子就會覺得父母不愛他了。**在教養之中，重點不在於大人有「我愛著孩子」的自我認同，重要的是接受愛的那一方，也就是孩子實際上的感覺如何。

孩子總是渴望父母的愛。因此，他們會為了得到愛，去做能得到父母歡心的行為，也為了得到更多愛，行為上處處看父母的臉色。

被收回愛的孩子們

「把愛收回」，具體來說是指怎樣的情況呢？

例如，假設你和女兒約好每天晚上要念繪本給她聽。可是今天她卻在睡前鬧脾氣：「我不想換衣服！」而你還有小嬰兒要照顧，面對講什麼都不聽的女兒，讓你非常煩躁。於是你判斷女兒「不乖」，因為她不按照你的期望做，於是失去一起讀繪本的權利了。為了處罰她，你因此取消親子共讀繪本時間。

在孩子的眼中，父母剝奪陪伴的時間是收回愛的表現。若反覆這種以愛為誘餌的有條件相處方式，孩子就會開始認為「我如果不照父母的想法做，他們就不愛我了」。

相反的，無條件的相處方式則是在女兒鬧脾氣以後，仍舊一如往常一起共讀繪本。我們也可以利用這段時間，於共讀繪本的之前或之後，和孩子討論剛才發生的事，或是用本書第一〇八頁介紹的「我訊息」來表達自己的感受。

也就是說，透過維持一如往常的對待方式，**我們就能做到「不以愛為誘餌」，讓孩子知道，縱使他的行為不符父母的期待，我們依舊愛他。**

是否尊重孩子是「一個獨立的人」？

無條件和有條件的教養，兩者決定性的差異之一，那就是**能否以整體面來看孩子**。

「無條件教養」首先會先思考孩子想法或行為的原因，然後再一起找出最佳的解決方案。當然大人也有必須引導孩子拉他們一把的時候，只是過程中仍須信任孩子，唯有尊重他們也是能做到很多事的獨立個體，才能辨得到。

另一方面，有條件教養是只憑行為做判斷，因此不去思考為什麼孩子會有這種行為，只憑表面上的行為指責他的錯誤，若孩子不符父母的期待就給予懲罰。

父母之所以會這樣對待孩子，是因為對小孩持否定的態度，認為他們「一個人什麼都不會，必須由父母判斷」、「還不值得信任」。

給孩子的愛是「不期望回報的禮物」

另一項很大的區別是，**父母本身如何看待父母的愛**。

無條件教養，意味著父母的愛是「不期望回報的禮物」。另一方面，有條件教養則認為「孩子必須做好事」才能獲得父母的愛。因此，孩子乖巧就能得到愛，不乖的話就不給孩子愛，並處罰他[2]。

當我們只拘泥於表面上的行為，就會忘記要去看孩子的本質，僅以稱讚或處罰的觀點來看待孩子。若能試著超脫行為來看待孩子，就能看到一個幼小的人類正在痛苦掙扎，需要我們的幫助。

——瑞貝卡．因斯（Rebecca Eanes）[3]

「有條件教養」的可怕缺點

採用「有條件教養」，可能會產生以下缺點：

1. 僅在短期內具有教育效果

若父母採取有條件教養，孩子只會在短期內乖乖聽父母的話[1]。這是因為孩子會心生恐懼和壓力，擔心若不照父母的意願做事，父母就會不愛自己，覺得只要乖乖聽話就能得到父母的認同，因而限制了自己的行動。

可是，這樣**頂多是暫時變成一個對父母來說方便管教的孩子，孩子的行為只是出於自私的動機，而非打從心底想為別人付出。**

2. 只能得到有條件的自我肯定感

即使在短期內有效，有條件教養付出的代價仍非常高。孩子並未得到無條件的愛，而是**受到外部認可（來自周圍的讚賞、物質上的獎勵等）影響了對自己的評價，從而形成「有條件的自我肯定感」**，根據研究指出，這樣的案例正在逐漸增加[4]。

例如，有些人只有在上司或同事稱讚自己「工作做得很好」時，才會覺得自己很能幹；若周圍的人不再稱讚自己很棒，就會失去自信。

3. 親子關係惡化

有條件教養下成長的孩子，經常感覺到被父母拒絕，最終可能會對父母感到憤恨不滿，使親子關係惡化[1]。

許多時候，縱使大人認為自己是無條件地疼惜孩子，在孩子眼中看到、感受到的，卻未必是如此。重要的是，**父母必須意識到孩子對「父母的愛」有什麼樣的感受，而不是滿足於「我已經給孩子無條件的愛」的自我評價。**

請各位想想，未來當小孩被問到「遇到和父母意見不合時，你覺得他們仍然愛你嗎？」，你希望自己的孩子會怎麼回答呢？

4. 可能代代相傳

我們知道，有條件教養代代相傳的可能性很高[1]。

在有條件的相處方式下長大的孩子，為人父母後，儘管他們也認知到過去父母對待自己的方式不好，但**許多時候還是會對自己的孩子採用相同的教養方式**。這是因為他們已經在無意識中被灌輸「用愛當做討價還價的工具、控制對方」的觀念，要擺脫這樣的連鎖效應十分困難。

有條件教養有四個缺點：

1. 僅在短期內具有教育效果
2. 只能得到有條件的自我肯定感
3. 親子關係惡化
4. 可能代代相傳

「無條件教養」的五條原則

那麼，要怎麼做才能從「有條件教養」轉為「無條件教養」呢？

一個關鍵是，**無條件教養並非讓孩子為所欲為。它不代表大人要無條件聽從孩子的話**，而是我們必須正視孩子，思考是為了誰育兒。然後在接受孩子情緒的同時，以一名自信的領導者身分體諒孩子。

以下介紹實踐「無條件教養」的五個原則。如前所述，原則一「注意稱讚和責備的方式」是關鍵所在。

接著，為了正確的稱讚和責備，父母首先應該考慮的則是原則二到五。

根據孩子在大人心中是怎樣的形象、考慮孩子發展的階段、大人追求的育兒目標，稱讚和責備的方式也會有所不同。

「無條件教養」的五大原則

1. 注意稱讚和責備的方式
2. 重新審視「孩子在大人心中的形象」
3. 成為孩子的優秀領導者
4. 試著重新思考對孩子的要求
5. 訂定育兒的長期目標

「無條件教養」原則一

注意稱讚和責備的方式

無論稱讚或責備孩子時，父母都要**避免把說詞集中在能力或外表，我們可以提到孩子努力或過程做了什麼事，重要的是「具體談到孩子的行動」**。這都是為了避免父母依自己的想法決定孩子的行為好或不好，而稱讚或責備孩子，進而控制孩子的選擇。

接著，父母提出越來越多問題吧。自由開放式的提問，或許可以讓父母揭開隱藏在孩子內心的世界。

關於「無條件教養」下稱讚和責備的具體做法，將在第二及第三章介紹。

「無條件教養」原則二

重新審視「孩子在大人心中的形象」

所謂「孩子的形象（看法）」，指的是在教育第一線或社會上，個人（或集體）如何看待孩子的角色、能力、責任、目標，以及動機[5]。**在父母的心中，「孩子」是怎樣的形象（看法），將形成父母行為的根源。**

如果父母的看法是「孩子有獨自做事的能力」，就會信任小孩，為他們準備能夠獨自做事的環境，協助他們獨立。

另一方面，如果父母的看法是「孩子一個人什麼也辦不到」，父母就會在無意中出手干涉孩子，或是對任何事都很敏感，經常感覺危險而過度保護孩子。

此外，如果父母抱有「小孩就應該聽大人話」的觀念，往往就會把大人的意見或價值觀強加在小孩身上，控制他們的行為，更有可能對發表意見的孩子貼上「愛頂嘴又不聽話」的標籤，容易對他們感到煩躁。

相反地，若是父母認為「小孩和大人一樣有權利獲得尊重」，就會願意多傾聽孩子的意見，甚至注意他們行為背後的原因和感受。

又想孩子獨立自主，又想他乖乖聽話？

如上所述，根據孩子在父母心中的形象，父母對待孩子的感受和相處方式也有所不同。**若大人只是暫時改變行為，並不會發生本質上的變化。**

唯有重新審視孩子的形象，才能從內在發生變化。

究竟「好孩子」指的是怎樣的孩子？是安靜地聽從大人的話活動，遵守規則的孩子嗎？

相反的，「傷腦筋的孩子」又是怎樣的孩子？是不聽大人的話，堅持己見的孩子嗎？

不僅在國內，在國外我們也常看到，面對在電車或公車裡放聲大哭的孩子，大人不斷安撫，並對孩子說「靜下來很棒喔，真是好孩子」的景象。

雖然如此，哭泣卻是小孩的本職；體驗各種情感是小孩的本職；探索自己的興趣是小孩的本職；當然，用自己的言行表達慾望，也是小孩的本職。

事實上，這本來就是孩子在成長階段會出現的行為，然而許多人在不知不覺中追求的，卻是「不會給大人添麻煩」的孩子。

孩子行為的好壞，究竟是否應該根據大人的方便與否來決定呢？

難道父母希望，孩子將來變成一個對別人言聽計從的人嗎？

孩子在父母心中的形象，會影響孩子長大後的行為。如果希望自己的孩子，成為一個充滿創造力和好奇心，而且又能獨立思考的人，那麼你必須試著思考孩子現在在自己心中的形象，以及你和孩子的相處方式，是否能對此目標有所助益。

「雖然希望你長大以後，可以成為一個自力更生、獨立，而且意志堅強的大人，但是又希望你現在是個安靜、服從又聽話的小孩。」

不管怎麼想，這兩種想法都很矛盾。

留意性別的刻板印象

父母思考對孩子的形象（看法）時，也必須注意男女性別差異的傳統觀念（刻板印象）。

你是否在不知不覺中，把「男生不可以哭！」、「女生就該優雅一點！」這種落伍的觀念強加在孩子身上呢？男生流淚真的是脆弱的象徵嗎？正視自己的情感，並流下眼淚的人其實很勇敢，這才是真正的堅強不是嗎？

如果女生擔任領袖，會很威風吧？無論是男性女性，領導別人的能力和性別是無關的。

還有一點，「會下廚」的項目在「想讓人娶回家的女性特質」票選中名列前茅，那為什麼卻沒出現在「想讓人嫁的男性特質」中呢？

大人的成見，會縮限孩子的潛力和經驗

父母對性別的刻板印象，會對孩子生活的各方面造成影響，例如，我們是否理所當然地買娃娃給女孩當玩具、買粉紅色的洋裝給她，或者讓她學芭蕾舞或鋼琴；男孩子則是想當然爾地買汽車玩具或藍色衣服給他，並鼓勵他踢足球或打棒球呢？

研究發現，被認為是「男孩玩具」的積木和拼圖，愛玩這類玩具的孩子，空間認知能力較佳[6]；而被當做「女孩玩具」的娃娃、扮家家酒，愛玩這類玩具的孩子，溝通或社會情緒❷能力較佳[7]，例如較懂得如何安慰人等。

---

❷ Social emotions，意指懂得察覺他人的感覺、情緒或心理狀態，並能做出正確回應。常見的社會情緒包括：尷尬、內疚、羞恥、嫉妒、同情、驕傲等。社會情緒的發展，是與人建立連結、社交互動的基礎。通常社會情緒發展好的孩子，擁有較好的情緒處理能力、富有同理心，人際關係也比較好。

如上所述，男女的刻板印象不僅影響了父母的選擇和行為，也會對孩子的成長造成影響。

雖說如此，這並不代表父母必須把娃娃和汽車玩具扔掉，也不必忽然改變學習的才藝。只要孩子樂在其中那就沒有問題。

只不過，**我們必須注意，大人隨便的性別差異刻板印象，不僅會縮小孩子的選擇範圍，也可能會限制他們的經驗。**請試著重新審視，我們是否由於「因為你是男生」、「因為妳是女生」這種潛在的觀念，把孩子關進了大人偏見的世界。

「無條件教養」原則三

成為孩子的優秀領導者

父母是不是一個優秀領導者，對孩子來說很重要，與心靈的安定息息相關。

所謂當個領導者，請勿誤解成「不管三七二十一，父母都是高高在上地支配孩子」的獨裁式教養（authoritarian parenting），或是「父母無條件接受孩子要求，完全不設限」的消極式教養（permissive parenting）。

一般定義的優秀領導者，指的是同時具備責任和果斷的特質，能夠領導團隊，並做為榜樣的人[8]。**而教養上的好領導者，意指「認真面對並體諒**

孩子的心情，設下必要的限制，為孩子指引方向的人」。

身為優先領導者的父母，會尊重並支持孩子想獨立的意願，但同時也會提醒孩子伴隨自由而生的責任的重要性。此外，他們不會不容分說，劈頭就批評孩子一頓，也不會一口回絕孩子的意見，而是以討論為基礎找到解決方案。

當孩子發脾氣，出現尖叫、踢踹、拍打等行為時，我們或許也會因為心理受挫或憤怒而忍不住依賴處罰或獎勵。可是，在這種狀況下，孩子會因無法控制情緒而感到不安。

孩子真正需要的，是被大人穩定接受的安心感。讓我們一起成為你的孩子需要的優秀領導者吧！

「無條件教養」原則四

試著重新思考對孩子的要求

孩子的年齡不同，他們的能力發展和我們對孩子的期望也不同。重要的是，父母別對孩子有不合成長階段的要求。例如，要求剛出生的嬰兒走路是不切實際的吧？那麼，要求兩歲小孩不要到處跑，安靜地坐上幾個小時，不也是不切實際的要求嗎？

「相信孩子」和「對孩子有不切實際的期待」是兩回事。在不同的發展階段，能做到和做不到的事都不一樣。在不同的成長階段，孩子的心理狀態也不同。重要的是，別強加不合理的要求在孩子身上（請參考本書附錄二〈0～17歲兒童發展階段特徵表〉）。

此外，**當你對孩子說「去做！」或「不要做！」之前，請試著思考一下，那真的是必要的訊息嗎？**

「快一點！」、「不要哭！」、「不要灑出來！」……很多時候，這些都是為了大人方便才提出的要求。因為快遲到，才希望孩子快一點；孩子在外面大聲哭很丟臉，所以希望他安靜一點；怕弄髒家裡，自己要清理很麻煩，才要孩子不可以灑出來……像這樣的要求還可以列舉出很多。

請試著停下來重新問自己，這些要求是不是大人為了自己方便強加給孩子的？這是為了誰提出的要求？對孩子來說，現在需要的是什麼？

「無條件教養」原則五

訂定育兒的長期目標

你希望自己的孩子未來成為怎樣的人？

我們必須試著思考，平常自己和孩子的相處方式，會不會阻礙你所設定的「育兒長期目標」。

你是否明明希望孩子成為有獨立思考能力的人，卻在孩子表達自己意見的時候，認為是頂嘴而劈頭痛罵孩子？

你是否明明希望孩子成為自主性高的人，卻在無意中把孩子能自己完成的事全幫他做完了？

你是否明明希望孩子成為有韌性面對困難的人，卻為了不讓他失敗，過度保護孩子，不必要地替他掃除障礙？

請試著留意自己平常的行為，是否有助於育兒的長期目標，或是否阻礙了孩子的成長。

「無條件教養」與「有條件教養」

	無條件教養	有條件教養
關注要點	孩子的整體情況（原因、心情、想法）	表面上的行為
孩子在大人心中的形象	肯定的	否定的
對愛的想法	不求回報的禮物	必須贏得的特權
相處方式	一起討論解決	以獎勵或懲罰控制

出處：Kohn (2006, p.19)

第二章

肯定過程的稱讚
養出高自尊孩子

什麼是沒有效的「讚美」？

「好棒！」

「做得好！」

「很厲害！」

「真不愧是○○～」

「很有才華！」

「你什麼都會呢～」

以上是稱讚孩子時，大人經常使用的句子。

可是，這些聽起來好像很正面，可以增強孩子自信的詞彙，其實對孩子的成長未必有正面的影響。

近來，現代人的低自我肯定感（低自尊）已經被視為一個問題，因此「大力表揚」逐漸成為教養圈的主流方法。

當然，無論大人小孩，每個人都有想獲得認同的慾望，希望獲得別人的認可。應該也有不少人期望小時候可以得到父母更多的稱讚。

可是，**不同的稱讚方式，確實也可能導致各種問題發生，甚至為孩子帶來不安或壓力，成為孩子動機下降的原因。**

為什麼稱讚孩子「好棒！」、「真聰明」會導致負面的結果呢？如果是那樣，我們應該對孩子說什麼才對？稱讚本身並不是壞事，重要的是「給予認可」。只是，根據稱讚方式的不同，對孩子成長的影響也有好有壞。

三種稱讚方式

所謂的「稱讚」，意指「對他人的成果、表現或特性的正面評價」[9]。

也就是**由評價者的主觀認定，來決定被評價對象的好壞**。

稱讚方式可以粗略分為三種。

1. 敷衍稱讚（perfunctory）

對於被評價者什麼地方好並沒有說出具體內容，流於表面的稱讚方式。

例如：「好棒！」、「做得好！」

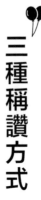

2. 以人為中心的稱讚（person focus）

以被評價者表面上的特徵為稱讚重點，例如性格（善良、體貼等）、能力（聰明、跑得快等）、外表（臉蛋、體形等）。

例如：「你真善良！」、「真聰明！」、「好可愛！」

3. 過程的稱讚（process focus）

以被評價者努力、過程、反覆嘗試失敗的步驟為稱讚重點。

例如：「你很努力拚到最後了。」、「你即使失敗也沒有放棄。」、「你試過各種方法了！」

在以下情境，你又是怎麼說的呢？

對吃飯沒有撒出來的孩子說：

「好棒、好棒！」——這是敷衍的稱讚。

「好聰明。」——這是以人為中心的稱讚。

「你試著換了拿湯匙的姿勢，才沒撒出來喔。」——這才是過程的稱讚。

為什麼不要隨意稱讚孩子？

「敷衍稱讚」和「以人為中心的稱讚」會產生四個問題[10]，讓我們依序來細看吧。

1. 造成「稱讚成癮症」

這類孩子沒得到稱讚就沒有自信，只有獲得外部認可的時候，才能找到自己的價值。例如曾獲得這類稱讚的孩子，每當畫畫給父母看的時候，要是沒得到「畫得好！」、「你真是畫畫的天才！」等回應，就會覺得「自己這次畫不好」。

此外，因為獲得認同的慾望比一般孩子更強烈，這類孩子經常想得到認可、想獲得稱讚，未得到稱讚的時候就會不高興或感到不安。

2. 失去興趣

當父母不斷對孩子說「做得好」、「很棒很棒」，會讓孩子享受到獲得肯定的快感，開始思考「下次我要怎麼做才能得到稱讚」。結果**孩子的行為只是為了得到稱讚，本來讓他覺得有趣的事情也會變得失去意義**。

例如，一旦自己的畫沒辦法得到「畫得好」的回應，孩子就會覺得「既然不稱讚我了，我就不必再畫了」，放棄他也許本來很有興趣的畫畫。

3. 挑戰精神下降

稱讚是基於別人給的評價之上的舉動。大人也會在周圍的人大肆稱讚「你工作很能幹」之類時，感到壓力很大吧。

小孩也一樣，得到稱讚卻反而**變得擔心自己無法一直維持好的評價，為了避免失敗而猶豫去挑戰新事物**。

例如，一直有人對你說「你好聰明」，就會讓人感到壓力，害怕「萬一失敗，我給人聰明的印象就毀了」，給自己找更多的藉口，藉以維持周遭人對自己的評價，或因在意他人評價而改變自己的決定。

4. 動機下降

無論孩子有沒有努力，如果總是能夠得到「做得好！」的回應，也就無須自我評價了。結果，**小孩會覺得他不必努力也無妨，也不覺得需要靠努力來達成什麼目標**。

例如，不用心畫畫的孩子，也會有父母誇張地說「好棒好棒」，認為這種程度已經很好，那麼孩子就不會有更上一層樓的慾望。

敷衍稱讚、以人為中心的稱讚，會產生四個問題：

1. 造成「稱讚成癮症」
2. 失去興趣
3. 挑戰精神下降
4. 動機下降

「稱讚方式與內在動力相關性」的研究

研究案例：杜維克博士與穆勒博士（一九九八）[11]

研究內容：

1. 將一百二十八名小學五年級生分成三組進行實驗。

2. 所有的小孩都被要求參加智商測驗，測驗後依照每個人的組別給予三種不同的稱讚。

第一組：以人為中心的稱讚。

第二組：以過程為中心的稱讚。

第三組：敷衍稱讚。

做法：第一組是稱讚能力（以人為中心），「你會解這個問題好聰明喔！」；第二組則是稱讚努力（以過程為中心），「為了解開問題，你很努力沒有放棄。」；第三組則是敷衍稱讚「你做得很好！」

3. 讓孩子們針對下次要挑戰的問題，選擇簡單或困難的測驗。

結果：被稱讚能力的孩子（第一組）有六十七％選擇簡單的測驗；而被稱讚努力過程的孩子（第二組）有九十二％選擇困難的測驗；至於被敷衍稱讚的孩子（第三組）的選擇則是各占一半。

4. 這次要求孩子們做比以前更難的測驗，並告訴他們成績不是很好。之後詢問孩子們，是否想要繼續解這個困難的測驗題？

覺得有趣嗎？

結果：被以能力為中心稱讚（第一組），以及敷衍稱讚的孩子（第三組），大多表示不想再繼續解問題，而且也覺得不有趣。

另一方面，被稱讚努力的孩子（第二組），大多回答還想再繼續測驗，而且覺得解題很有趣。

5. 最後對孩子們再次實施和一開始同等級的測驗。

結果：被稱讚能力的孩子（第一組）的成績比起一開始下降了約二十％；另一方面，被稱讚努力的孩子（第二組）的成績竟上升了約九十％；被敷衍稱讚的孩子（第三組），成績則沒有明顯變化。

總結：當我們稱讚孩子很努力時，會讓許多孩子即使失敗，還是能展現有意挑戰的態度，即所謂的「成長心態」（Growth Mindset）。

相反的，被稱讚能力，或是被敷衍稱讚時，會讓許多孩子在面對挑戰時，顯得消極又受挫，即所謂的「固定心態」（Fixed Mindset）。

從這個實驗結果可知，「以人為中心的稱讚」或「敷衍稱讚」時，可能會阻止孩子上進的動力。

無條件教養的稱讚法

既然不能敷衍稱讚（好棒喔），以人為中心的稱讚能力（好聰明），或是稱讚性格（好善良）也沒有效果，那麼到底要怎麼稱讚才對呢？

1. 稱讚過程而非成果

稱讚孩子時，重要的**不是誇獎他的能力或性格，而是提及他們在專心做事的過程中，付出的努力、挑戰的態度，以及想方設法的精神等層面，並給**

予鼓勵。

例如，假設今天孩子考試拿了一百分。與其說「你考了一百分，真的好聰明！」，我們應該把這種誇大的稱讚換成「你很努力才能考一百分吧！」（關注孩子的努力）、「你試了很多做法才得到正確答案呢！」（關注孩子的做法），像這樣對孩子說說看吧。

這樣一來，即使孩子下次考差了，他也不會覺得「是我能力不夠，做不到也是無可奈何」而放棄，**反而會靈活地嘗試各種方法，繼續努力找出能夠成功的方式**[12]。

當然，如果我們沒有看到孩子努力的樣子，或是沒有直接聽孩子說過他努力的情況，這時父母還評論過程，不免缺乏真誠。這種時候，請試著用後文介紹的方式，和孩子分享所見所聞的具體感想，或是向孩子提問吧。

2. 更具體地稱讚

「敷衍稱讚」之所以不好，在於具體性不足。

孩子即使聽到「好棒喔」，大人卻沒有具體地指出哪裡好，就會很難理解自己的優點，以及還需要努力的地方。

例如，當你繳交報告出去後，上司說「很好！」，和「這份資料連細節都一清二楚，非常容易理解」，哪一種說法會讓你明白自己的優點呢？

又，「文章寫得很好」和「各章節的摘要很精確，文章整體性強，非常易讀」的說法比起來，哪一種對於你提升技能更有幫助呢？

像這樣**給予具體的回饋意見，自然能為孩子的下次表現增添動力**[13]。

如同之前談到的「過程的稱讚」，我們在提及孩子做事過程中的努力、態度、想方設法的精神等的同時，也要具體地告訴孩子那些地方做得好。讓我們試著擺脫「好棒」的口頭禪吧。

具體描述所見所聞也是方法之一。**父母要避免強加大人的評價在孩子之上，例如「很好」、「做得好」，而是要試著具體表達所看到的實際情況（例如顏色、形狀、數量等）。**

舉例來說，孩子展示給你看他所組的樂高積木城堡。這時，爸媽對他的成果不要給予評價或敷衍稱讚，可以具體地告訴他：「你用了很多顏色，讓城堡看起來色彩很鮮豔」，或是「你試著在這裡用了不同的形狀來組裝，很特別」。

3. 多一點提問

父母不僅要傳達稱讚的語言，還要向孩子提出更多的問題。

重要的是孩子本身的感受和想法，父母是怎麼想的反而不太重要。

父母提問時，要把握的重點是避免問「選擇式問題」，如「開心嗎？」這類可以回答「是」或「不是」，觸及層面小的問題。

「能告訴我你做了怎樣的東西嗎？」**請提出這種可以展開話題的開放式問題。**

另外，使用最高級形容詞（最、第一……等）的開放式問題，也能有效地誘導孩子說出意見。**只要添加「最」、「第一」之類的詞彙，就能從模糊的問題轉變為具體的問題。**

具體性在這裡也很重要。你是否有過這種經驗：去幼兒園或托兒所接小孩的時候，問他「今天怎麼樣？」，孩子總是回答「不知道」或「不曉得」。這是因為孩子無法從今天發生的眾多事件中，整理出你要的資訊。

「今天和朋友在一起，最開心的事情是什麼？為什麼覺得最開心？」請試著像這樣抓住要點對孩子提問吧。

不要胡亂評價

除了上述三點以外，還有一些其他應注意的事項。

許多時候，稱讚通常伴隨著父母的評價。孩子與你分享某事某物時，如果什麼都不對孩子說，大人可能會感覺不舒服，或是總覺得有罪惡感，因此容易把「好棒」、「很好」這類敷衍回應掛在嘴上。

可是，**其實孩子追求的並非「評價」，而是想在他們完成了什麼、發現新事物，還有感到開心的時候，和他們最喜歡的父母或老師分享。**

動機心理學中，廣為人知的「自我決定論」（Self-determination theory）也主張「歸屬或關係」是人類的基本需求之一，對於個人的「幸福感／生存意義」（well-being）而言，是不可或缺的條件[14]。換句話說，**與重要的人一同分享喜悅、興奮、驚訝之類的情緒，可以產生自我歸屬感，令人感到幸福。**

為了達到分享的目的，我們不必拘泥於語言。有時只是點個頭也行，或是擁抱孩子、對孩子報以笑容，有這些也就夠了。

此外，在孩子專注於某些事物時，不必特意出聲打擾他。這會有礙孩子專注力的發展，因此請靜靜地關注他吧。

真的覺得很棒，就說「很棒！」

稱讚的話語是否屬實，不僅是孩子，也是大人經常遇到的難題。你是否有過這樣的經驗：去百貨公司試穿衣服的時候，明明自己也知道不搭，店員卻恭維著說「很適合您」，反而更感覺彆扭。

小孩也一樣。**當小孩自知並沒有努力的時候，卻被大人說「你很努力了」，就會開始質疑說話者的誠意。**

像這樣在「自我評價」和「他人評價」之間有明顯落差時，就會對自我產生混亂[15]。而且我們知道，當孩子覺得父母對自己的稱讚太誇張，或是覺得被低估時，很容易會導致孩子學校成績退步或情緒低落[16]。

也就是說，與自然發生的稱讚不同，「意圖控制行為的稱讚」有著被孩子認為是刻意為之的疑慮，不但無效，而且還可能導致負面效果。

當然，我們也有真心對孩子的行為或發言感到驚訝，或者由衷佩服的時候。這種時候，也不必強迫壓抑自己，請對孩子說出你的真心話。

「原來你這樣想啊！我很佩服呢。」

無條件教養稱讚法的三個原則：

1. 稱讚過程而非成果
2. 更具體地稱讚
3. 多一點提問

#01 當孩子字寫得很好

✕ 敷衍、以人為中心

○ 以過程為中心

「你很有才華！」是以人為中心的稱讚，這樣的評語只看見孩子的外在表現。當孩子日後得不到相同的評語時，他就會懷疑自己的能力，或是和其他的孩子比較。

相對於此，如果得到認可的是他努力或認真的態度，就能提高孩子更努力的內在動機。以過程為中心的稱讚，讓孩子不會執著於結果好壞，因此即使失敗，也能鼓勵孩子下次繼續努力。

這樣的說法也很讚！

更具體的說法：**你的字很有活力！**

開放式的問題：**自己寫字覺得怎麼樣？**

02
當孩子幫忙做家事

✕ 敷衍、以人為中心

○ 以過程為中心

因為是哥哥，大人就會強加自私的期望，認為「哥哥就應該……」。但這種說法可能會導致孩子認為，要是自己的行為不像哥哥或姊姊，就得不到父母的愛。換句話說，這是「有條件的稱讚」。雖然大人的初衷是希望孩子能有責任和自覺，但對孩子來說，這是很大的壓力。

請大人摘下哥哥、姊姊的有色眼鏡，將稱讚的重點放在孩子自己的想法和具體行為即可。

這樣的說法也很讚！

更具體的說法：**有你一起幫忙很快就完成了！**

開放式的問題：**你剛剛幫忙時，覺得最辛苦的地方是哪裡？**

#03 當孩子和朋友相處得很好

✕ 敷衍、以人為中心

○ 以過程為中心

父母指出孩子體諒別人的舉動（利社會行為），並加以鼓勵很重要。可是，如果因為大人希望孩子當好人的想法太過強烈，過度稱讚反而會導致反效果。這不但會造成孩子的壓力，而且本來應該是為了幫助對方而採取的行為，卻可能會變成因為想得到稱讚才對別人好。

當孩子為了別人好而自發採取行動時，請父母明確告訴他為什麼這麼做是好的。

這樣的說法也很讚！

更具體的說法：**你借玩具給朋友，他很開心呢！**

開放式的問題：**朋友正在哭的時候，你該怎麼做呢？**

#04 當孩子自己打理外表

✕ 敷衍、以人為中心

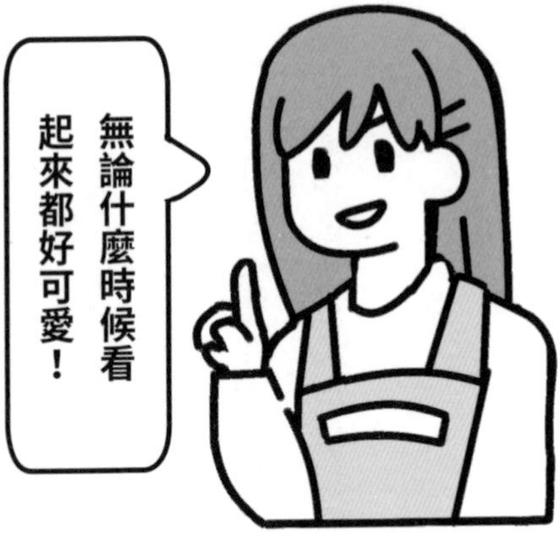
無論什麼時候看起來都好可愛！

○ 以過程為中心

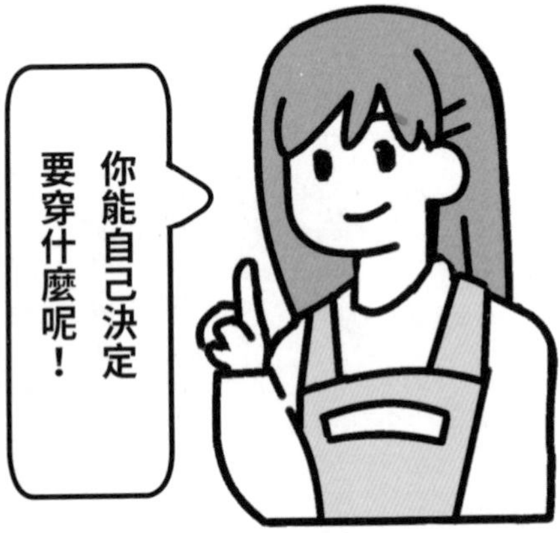
你能自己決定要穿什麼呢！

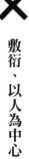

因為社群及媒體的影響，現代大眾都以瘦身為目標，這類負面的身體意象（對自己身體的看法、信念和情感態度）是很大的問題。稱讚外表可能讓孩子把「外貌」和「自我肯定」連結在一起。換句話說，這可能會讓孩子覺得自己除了外表以外，沒有任何價值，也可能造成孩子對於保持「社會普遍認定的美的基準」感到有壓力。

如果想稱讚外表，不妨從孩子能自己替換的衣服、鞋子等開啟話題。

這樣的說法也很讚！

更具體的說法：**你的襯衫上有好多動物喔。**

開放式的問題：**你最喜歡哪件衣服？**

#05 當孩子學會自己穿鞋

✕ 敷衍、以人為中心

○ 以過程為中心

一個人獨力完成什麼事，對於強烈渴望獨立自主的幼兒（特別是二至三歲）來說，尤其值得高興。

但即使是大人，在專心做自己喜歡的事情時，卻被人稱讚「好棒」，也會覺得很尷尬吧？小孩也只是因為自己想做才去做，並不是為了誰而去做。換衣服和吃飯是生活必備的技能，本來就不算什麼「很棒」的事。如果孩子很努力做這些事，而大人也察覺了，就如實告知我們看到的樣子吧！

這樣的說法也很讚！

更具體的說法：**像這樣慢慢來，你已經可以自己穿鞋子了呢。**

開放式的問題：**你覺得穿鞋的時候哪裡最難呢？**

#06 當孩子對你展示畫作

✕ 敷衍、以人為中心

○ 以過程為中心

我想孩子已經給你看過他的畫幾十次了吧。如果孩子每天要你看，也難怪爸媽會厭倦回應，老實說有時候剛好在忙，因此沒仔細看就隨口說「畫得很好」，顯得省事多了。

可是，對孩子來說，每一刻都是新的體驗，每一幅畫也都是全新的創作，大人如果很感興趣地仔細看待，會讓他們很高興。當孩子向你展示某樣東西時，請試著分享你所注意到的地方，即使只有一個也好。

這樣的說法也很讚！

更具體的說法：**鬍子和頭髮的感覺很像爸爸呢。**

開放式的問題：**可以多跟我介紹一下這張畫嗎？**

#07 當孩子學會上廁所

✕ 敷衍、以人為中心

○ 以過程為中心

孩子如廁訓練時，是經常需要稱讚的時刻。可是，假如孩子成功一次就給一張貼紙，使用這種外部獎勵，看似有效，卻可能會導致意想不到的麻煩——例如，孩子為了得到獎勵才去上廁所，可能會導致他無視自己身體的信號。此外，當他做得不好，得不到獎勵的時候，孩子就會鬧脾氣，可能累積親子之間不必要的挫折感。

請具體地讓小孩了解成功上廁所的好處吧。

這樣的說法也很讚！

更具體的說法：**在廁所尿尿，就不會弄溼內褲了。**

開放式的問題：**你學會自己尿尿了，感覺如何？**

#08 當孩子懂得安全過馬路

× 敷衍、以人為中心

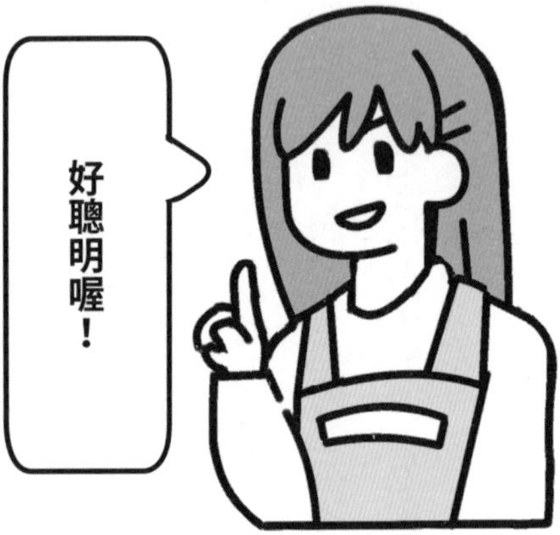
好聰明喔！

○ 以過程為中心

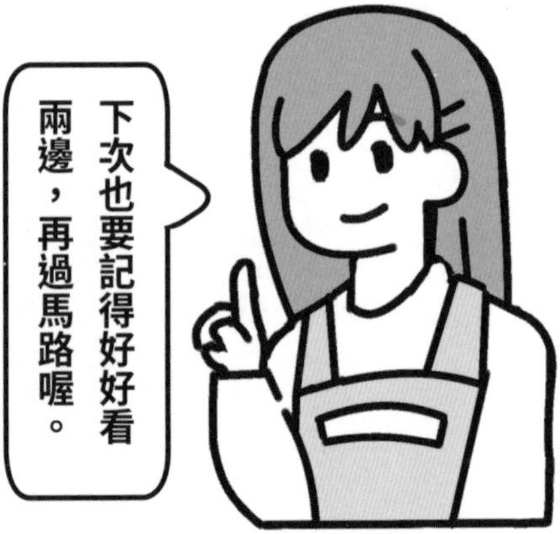
下次也要記得好好看兩邊，再過馬路喔。

走人行道過馬路或是搭公車時，我們的日常生活中充滿了攸關安全的事情。但不明白的孩子，會一下衝到車道上，令人捏一把冷汗，我想應該也有人有過這種經驗。針對遵守交通規則的孩子，我們希望傳達的訊息是，並非因為「好聰明」而遵守規則，而是「安全起見必須做的事」。

像是騎機車要戴安全帽、坐車要繫上安全帶，也是為了保護自己的重要之事，請試著把這樣的觀點放在心上，再對孩子說話吧。

這樣的說法也很讚！

更具體的說法：**我們手牽手過馬路吧～**

開放式的問題：**過馬路的時候，你覺得有哪些該注意的呢？**

#09 當孩子得到好的成果

×

敷衍、以人為中心

○

以過程為中心

孩子的日常中，應該有很多參加運動會或成果發表會的機會吧。當孩子獲得好的成果，因為這不是平常事，父母很自然就會說出「太好了」這類的回應，如果這是你率真的感想，自然不是問題。只不過，對孩子來說，如果能得到更具體的回應，他們也會切實感受到，父母確實看到他們的認真表現。例如，當孩子持續練習翻單槓，或是努力學會騎自行車，這種大顯身手的時刻，請父母試著把說話的焦點放在他每天的努力不懈吧。

這樣的說法也很讚！

更具體的說法：**你練習的樣子很努力，很吸引人喔！**

開放式的問題：**你覺得什麼地方做得最好？**

#10 當孩子考到好成績

✕ 敷衍、以人為中心

○ 以過程為中心

父母的誇大稱讚，可能會導致孩子過度自信，而產生不必再努力的傾向。會產生的反作用就是，當孩子遇到挫折、成果不好時，他的自我肯定感就會降低，或者為了避免壓力而找一堆失敗的藉口，這樣的結果我們並不樂見。

別只拘泥於分數，請把說話的焦點放在孩子為了考到這個分數做了什麼準備、實際上學到什麼，或是他在學習過程中表現出的具體優點等。

這樣的說法也很讚！

更具體的說法：**你很仔細地回答了每個問題呢。**

開放式的問題：**這次考試讓你有什麼收穫嗎？**

第三章

不傷感情的責備
養出高自尊孩子

為什麼不要處罰孩子？

處罰的目的是制止孩子的不當行為。傳統方式是造成孩子肉體或精神上的痛苦，讓他們吸取教訓。不單指體罰，口頭懲罰（如大聲訓斥）、物理上的懲罰（如沒收東西）、行為懲罰（如無視）等也都包含在處罰的範圍中。

可是，採用處罰的教養方式會導致四個問題：

1. 產生更具攻擊性、反抗的態度

被處罰的孩子無處可逃，無法靠自己的力量做任何事，並且**他們會對處**

罰自己的對象（父母或老師）感到憤怒。

結果這種挫敗感會以更叛逆的行為表現出來。因此，處罰會誘發孩子的攻擊行為，倘若父母再繼續反覆處罰，就容易陷入惡性循環[17]。

2. 正當化「用暴力解決問題」

也就是說，**父母用處罰來育兒，等於是告訴孩子用暴力或高壓能夠解決問題**。父母未能尊重雙方的意見與想法進行討論，就單方面行使權力，在這種方式教養下的孩子，長大以後會轉而採用和平的解決方案嗎？

我們已經知道，體驗過這種育兒方式的孩子，自己為人父母後，通常也會同樣行使父母的權力，以專制的方式對待孩子，形成的處罰連鎖效應會跨越世代傳承下去[18]。

3. 造成親子關係出現裂痕

一旦處罰孩子，孩子就很難感受到父母的愛[2]。對孩子來說，最可靠的人、總是和自己站在同一陣線的父母忽然無視自己，「你不當個乖孩子我就不管你了！」、「如果你沒在門禁時間前回家，就不給你這個月的零用錢了！」這類威脅，是讓孩子的認知產生混亂的處罰行為。

而且，**無法信任父母的想法如果越來越強烈，孩子就會對父母封閉心靈，損害親子關係的風險大大提高。**

4. 即使處罰也無法促使孩子反省

首先，接受處罰的孩子不會去思考自己的行為哪裡有問題，而是把注意力都集中在下次如何逃避處罰[2]。

仔細想想，你有沒有過這樣的經驗：當你處罰孩子時，孩子並不在意你從他手上沒收什麼東西，或是把孩子關在房間裡暫時冷靜一段時間，孩子卻一臉稀鬆平常，沒有任何反省的樣子。這是因為沒經過雙方討論或說明，就單方面給予處罰的話，孩子並不明白所謂「問題行為」和「處罰」之間的關係，就無法促使他反省，更遑論改正行為了。

採用處罰的教養方式，會導致四個問題：

1. 產生更具攻擊性、反抗的態度
2. 正當化「用暴力解決問題」
3. 造成親子關係出現裂痕
4. 即使處罰也無法促使孩子反省

獎勵與處罰的陷阱

就像「一手拿鞭子，一手給糖果」的說法一樣，我們在管教時經常採用獎懲交替的方式。

使用獎勵（例如給禮物、敷衍稱讚等）與處罰（例如沒收東西、打手心等），在控制小孩行為這一點上，兩者可說是相當類似。

當孩子配合大人的方便就予以稱讚、給予獎勵，不配合時就施以處罰，都是意圖按照大人的想法操縱孩子。也就是說，獎勵和處罰都是「有條件的教養方式」，在這點上是一體兩面。

你是否曾經因為希望孩子有禮貌而誇他「好棒」？是否希望他更用功讀書，所以稱讚他「好聰明」過呢？

孩子也知道那是為了控制他的行為才說的好聽話，並不是真心話。

處罰和獎勵的第一個陷阱是，你必須不斷給予這兩者。

我們經常發現，即使處罰孩子，他的行為還是重蹈覆轍，或者孩子行為更加惡化。當孩子行為惡化後，我們又必須施行其他處罰。

獎勵也一樣，你給的越多，孩子對獎勵的依賴就越強，於是必須不斷地提供獎勵。假設上小學的孩子數學考了一百分，你這次給了他一百元做為獎勵。當這個孩子上高中了，什麼樣的獎勵才能滿足他呢？一百元當然不夠。換句話說，這是一場貓捉老鼠的遊戲❸。

---

❸意指不斷追逐、永無休止的情況。

而獎懲的另一個陷阱是，造成孩子的思考以自我為中心。

如果不斷得到稱讚，孩子的注意力就會逐漸放在下次要如何得到稱讚。結果孩子凡事就只會考慮自己，而不會思考自己的行為會給對方帶來什麼影響。

例如，當孩子對朋友好，父母因為希望孩子成為善良的人，就過度以人為中心或敷衍稱讚孩子「很善良」、「好棒喔」，不僅會導致反效果，還可能讓孩子變成自戀者[19]。

處罰也一樣，孩子會覺得處罰自己的人是壞蛋，或者轉而注意自己要如何逃避處罰。因此，施以處罰和給予獎勵一樣，會讓孩子變成一個只考慮自己得失、以自我為中心的人，不懂得反思自己的行為會給對方帶來什麼影響。

如何不傷感情的責備孩子？

為了教育孩子適應社會所需的知識或技能，適當的責備是必須的，但並非透過處罰來控制孩子的行為。

如何在育兒時巧妙地責備，比起巧妙地稱讚更難。特別是當孩子不聽話，或是發脾氣時，父母可能也會急躁難耐，讓親子對話流於情緒化。

那麼，我們應該如何責備，才能和孩子有效溝通呢？以下是四個原則。

我想你應該會發現，責備和稱讚在本質上有許多共通之處。

「無條件教養」責備法的四個原則：

1. 避免使用「不行」、「不對」等否定語
2. 注重努力和過程，而非結果
3. 說明行為錯誤的理由
4. 誠實傳達父母的感受

「無條件教養」責備法原則一

避免使用「不行」、「不對」等否定語

你是否會在不經意間，對孩子說：「那個不行！」、「這個不行！」、「不對！」、「停下來！」等否定的詞彙來責備孩子，甚至變成口頭禪？

當然，如果是孩子快跑到馬路上，在這種危急的狀況下，就難免得直接說：「不行！」

除了緊急情況之外，父母在日常生活中要避免對孩子使用否定詞彙，這一點非常重要。

從「是這樣啊」、「我明白」開始

當孩子不斷聽到「不行」、「停」、「不對」的詞彙，他們的大腦會感到威脅，進入戰鬥模式[20]，或陷入挫折感容易爆炸的狀態[21]。

相反的，如果接受孩子的感受或想法後再和他說話，就能防止大腦進入戰鬥模式，讓孩子的思考更具靈活性，較能體貼自己或別人的感受而不反抗[20]。

當我們從肯定的詞彙開始說，例如「你說的對」、「我明白」等，並不代表我們放任孩子的行為不責備他，也不意味著全盤接受孩子的任性。**而是我們在脫口說出「不行！」之前，先理解孩子想做什麼、想說什麼，並接受孩子真實的模樣，之後再對他們伸出援手。**

舉例來說，假設你發現孩子正在一件件地拉出衣櫃的衣服玩耍，你很可能會在無意中脫口說出：「不行不行！你在幹什麼啊！」

從現在開始，請試著換成這樣的說法：「這樣啊，你想把衣服拉出來啊！」首先肯定孩子的感受，再對他說：「衣服要收進抽屜裡比較整齊，你拉完以後我們一起收吧。」

「無條件教養」責備法原則二

注重努力和過程，而非結果

和稱讚法一樣，責備時也要避免「以人為中心」的批判，要以過程（process）為中心。「以人為中心」的批判方式，指的是責備孩子的性格、能力，或是外表的缺點與不足之處。

另一方面，**以過程或做法為中心的說話方式，指的則是針對孩子努力達成結果（或努力的不足處）、能達成結果的做法（或不成熟的做法），給予具體的回饋意見，而不帶負面評價。**

當孩子被否定能力或性格時，他們往往會覺得自己能力不足，因而產生「反正我就是辦不到」的無力感（helpless response），失去再次挑戰、追求卓越的意願[22]。

舉例來說，假設孩子拿回一張四十分的考卷，你可能會在無意中脫口說出：「你竟然才考四十分，好爛喔。你真笨！」從現在開始，請試著換成這樣的說詞：「你這次考了四十分，看來你沒達到自己的目標。你覺得該怎麼做下次才可以考更好呢？」來取代指責吧。

「無條件教養」責備法原則三

說明行為錯誤的理由

責備時說明理由，很類似稱讚時的具體說明。

這個方法是透過向孩子具體說明，孩子所採取的行為會對自身或別人造成怎樣的影響，把焦點放在這種道德觀上，試圖獲得孩子的理解[23]。

正如第一章提過的，當孩子遭到體罰，或是單方面責備時，孩子的心思就會集中在如何逃避處罰，沒有反思自己錯誤行為的機會。

另一方面，當我們用具體的理由向孩子說明時，除了讓他們首次明白自己的行為和結果之間的因果關係（打了朋友，朋友就會哭），也可以透過指出對別人的影響（被打的朋友會很傷心），讓孩子產生對別人的同理心[24]。

舉例來說，假設孩子在超市奔跑，你可能會在無意中脫口說出：「危險！不要跑！」從現在開始，請試著換成這樣的說詞：「你跑步可能會撞到人，不僅你會受傷，別人也可能會受傷。我們一起走過去吧。」

「無條件教養」責備法原則四

誠實傳達父母的感受

「我訊息」（I message）[25]是一種溝通方法，既不批判對方，也不否定對方，以「我」本身的感受為中心，把自己有什麼感覺，以及為什麼有這種感覺傳達給對方。

例如，面對早上出門前拖拖拉拉的孩子，用「我訊息」的方式說，就變成：「我很擔心你遲到了會打擾老師上課，如果你早上可以準時出門，我就放心了。下次我們一起努力，準時出門好嗎？」

父母坦誠告知自己的感受，也是孩子同理對方感覺的機會教育，可以幫助孩子習得建立圓滑人際關係的能力。

相反的，以「你」為中心的溝通方法，就稱為「你訊息」（YOU message）。例如，同樣情境下，說的卻是「都是你早上拖拖拉拉的才會遲到！」

「你訊息」和「以人為中心的批判」一樣，容易讓接收者覺得「被責怪」，並採取自我防衛的反應，變得具攻擊性或找藉口開脫。結果是減少了雙方有建設性的討論可能，也容易造成緊張的人際關係。

如何說「我訊息」？

有效的「我訊息」具備以下四個要素：

我訊息＝行為＋情感＋影響＋建議

1. 行為

指客觀地描述孩子的行為，而非使用指責或否定的詞彙。

舉例來說：

「你打弟弟太過分了！」（×）

「你為什麼就只會打人！」（×）

「你是為了搶玩具才踢弟弟的吧。」（○）

2. 情感

誠實傳達自己（父母、老師），或相關人士有怎樣的感受。

舉例來說：

「吵死了！」、「停下來！」（×）

「看到你使用暴力，媽媽覺得很難過。」（○）

「弟弟被你踢的時候，哭得很傷心。」（○）

3. 影響

跟孩子說明為什麼這個行為有問題，明確指出對於自己或相關人士造成的影響。

「打架的孩子是壞孩子！」（×）

「打架會把椅子弄壞，椅子壞了要坐的時候就很麻煩。」（○）

「弟弟被你踢的時候，會很難過。」（○）

4. 建議

和孩子討論解決方案，下次要如何避免發生同樣的事。

「下次要是再踢弟弟，我就沒收你的零用錢！」（×）

「我們一起想想看怎麼兩人分享玩具，不使用暴力的方法吧。」（○）

注意事項

不僅分享負面的感受，讓我們也試著和孩子分享正面的感受吧。

本章節雖然把焦點放在「責備法」，但「我訊息」不僅可以在責備時使用，分享正面的感受時也能派上用場。例如，父母可以對幫忙家事的孩子說：「你幫忙把盤子拿下來，讓我很高興」。

大人往往會在無意中關注孩子「錯誤」的地方，但試著積極分享喜悅或開心的心情也很重要。

父母描述行為時，請注意不要把「你好過分」、「壞孩子」、「真是個不聽話的小孩」這種帶有批判性質或否定的標籤貼在孩子身上。

此外，也要避免把假裝成「我訊息」的「你訊息」傳達給孩子。例如，「都是因為你老是不做功課拖拖拉拉的（**你訊息**），才讓媽媽我很煩躁（**我訊息**）」，這句話乍看之下很像「我訊息」，但其實是批判孩子行為的「你訊息」。

#01 當孩子在牆壁上塗鴉

✕ 以人為中心

○ 以過程為中心

世上有很多大人認定「不能做」的事情，小孩卻不知道。無論是紙或牆壁，對幼兒來說都是繪畫的畫布，因此在上面塗鴉，並非他們故意想做壞事。

在急於判斷孩子的行為責備他們之前，請先試著從孩子的角度想想，他們真正想做什麼。在理解孩子想做什麼之後，如果這個行為還是超出允許的範圍，請試著告訴孩子，一起和他尋找另一種方法吧。

這樣的說法也很讚！

說明理由：**在牆壁上畫很難擦掉，試試看畫在紙上吧。**

#02 當孩子無法安靜坐著

✕ 以人為中心

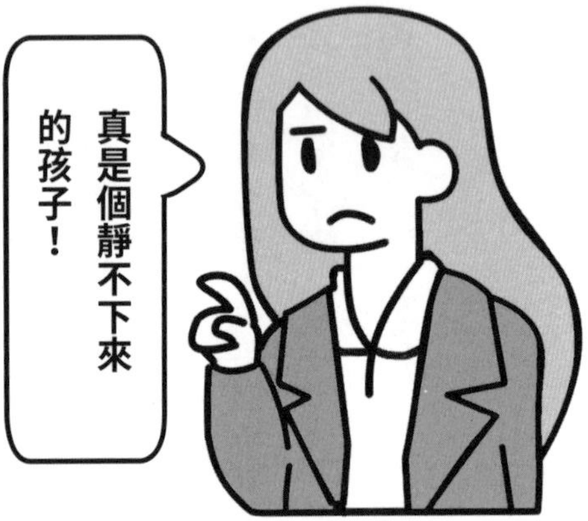
真是個靜不下來的孩子！

○ 以過程為中心

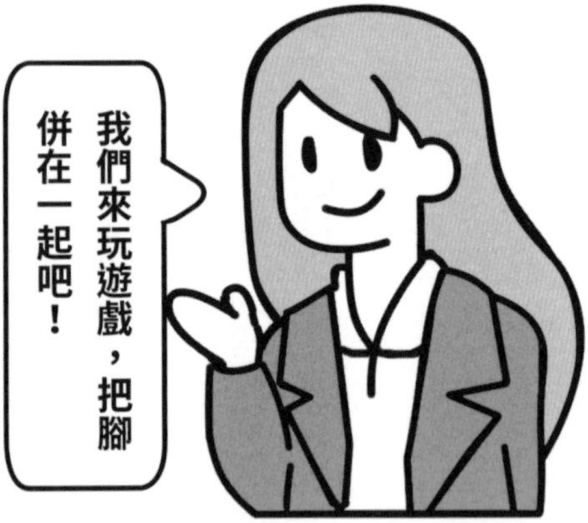
我們來玩遊戲，把腳併在一起吧！

對小孩子來說，要他們一直靜靜坐著是個超級難題。雖說如此，在醫院候診室或擁擠的電車上這類場合，我們還是會擔心周遭人的眼光，而且也有些真的需要安靜待著的時候。如果這時手上沒有玩具或書，告訴孩子要玩個遊戲的方法很有效。

首先，我們要理解因為年齡的關係，孩子難免坐不住，有了這層體認後，再試著提出大人小孩都能滿意的方法。

這樣的說法也很讚！

說明理由：**我很高興你可以安靜坐下，這樣就能專心說話了。**

#03 當孩子把面紙拿來玩

✕ 以人為中心

○ 以過程為中心

對幼兒來說，他身邊的所有東西都是他感興趣的對象。抽面紙就會一直跑出新的面紙，這對孩子來說是大發現，也是好玩的遊戲。只有大人覺得面紙被抽出來很困擾，我們必須再想想，真的有必要為此罵小孩嗎？

進一步地說，如果真的覺得家中的面紙被亂抽很困擾，就把面紙盒放在孩子碰不到的地方吧。或是乾脆利用這點，在空的面紙盒中放入薄手帕，或者放進其他可以拉出來的東西，把面紙盒改造為孩子的玩具也是不錯的選擇。

這樣的說法也很讚！

說明理由：**如果你把面紙抽完了，我們要用的時候會很困擾。**

#04 當孩子房間一團亂

× 以人為中心

○ 以過程為中心

孩子不收玩具是很常發生的事。在你指責孩子「亂七八糟」之前，請先確認我們是否準備了完善的收納環境，例如將玩具分門別類的箱子，讓孩子容易收拾。

此外，不要強求孩子收拾的完成度和速度，避免以大人的基準來要求孩子也很重要。要是你的孩子形成了「收拾＝惹人生氣」的印象，那他更不會想整理房間。

如果孩子還不會自己一個人收拾，請從親子一起開心地收拾開始吧。

這樣的說法也很讚！

說明理由：**地上有東西的話，走路容易踩到，你能收乾淨嗎？**

#05 當孩子打翻果汁

✕ 以人為中心

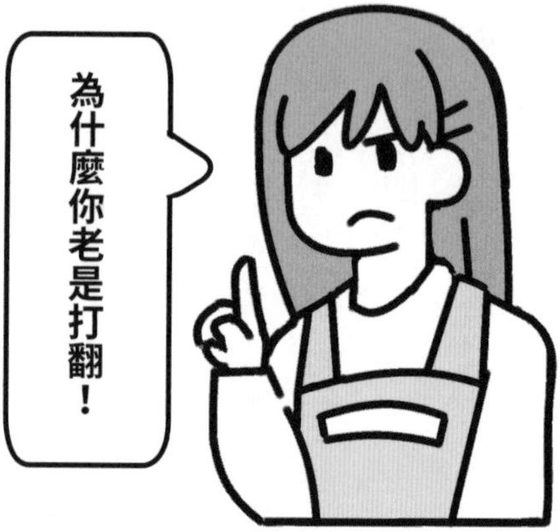
為什麼你老是打翻！

○ 以過程為中心

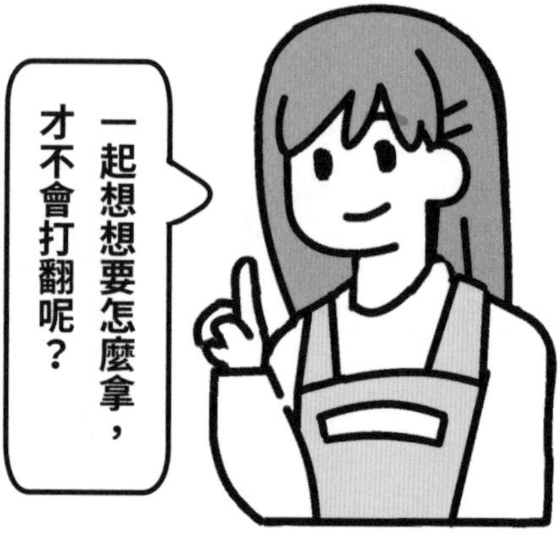
一起想想要怎麼拿，才不會打翻呢？

對幼兒來說，他們還在發展對自己的體型和空間的認知能力，所以比大人笨手笨腳是正常的。因此，他們經常會跌倒、撞到身體，或是打翻杯子。針對還未發達的能力，大人一味責怪孩子「為什麼做不到」，這麼做解決不了問題。

身為父母，我們應該先打造不會打翻的環境之後，例如準備好有蓋子的杯子。如果孩子仍明顯因為自身不小心而繼續打翻，再試著和他商量如何避免再次打翻的解決方案。

這樣的說法也很讚！

說明理由：**杯子放在餐桌邊緣，會很容易打翻，改放在中間吧。**

06 當孩子在超市耍賴

✕

以人為中心

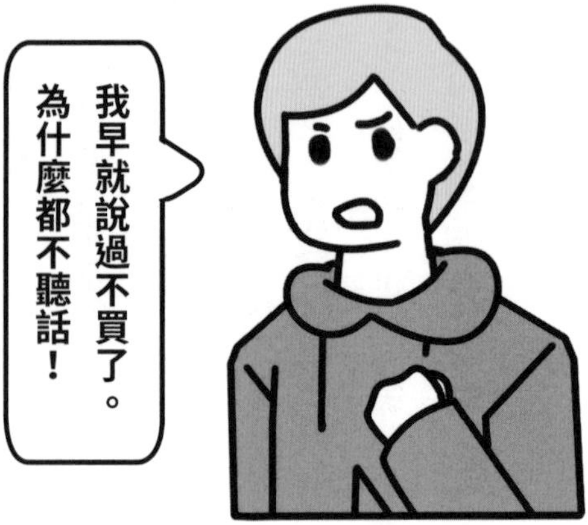
我早就說過不買了。
為什麼都不聽話！

○

以過程為中心

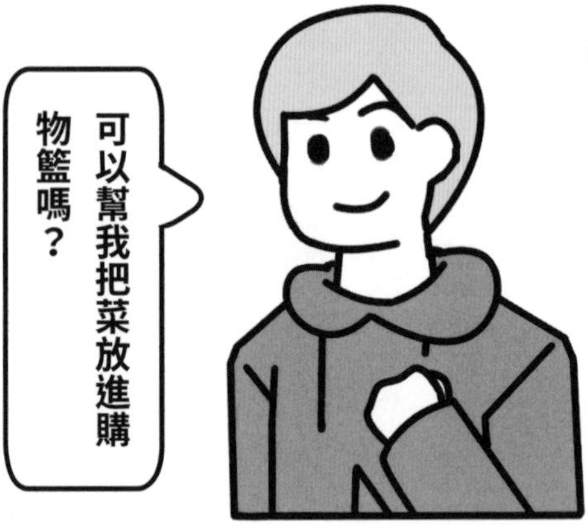
可以幫我把菜放進購
物籃嗎？

在超市裡有很多吸引人的商品，孩子難免會吵著想要買什麼，特別是年幼的孩子，他們很難理解為什麼不能立刻得到想要的東西，也容易感到挫折就大發脾氣，這種情況很常見。

我建議父母在進超市之前，可以先跟孩子協調好簡單的規則，例如預算內只能買一樣東西、只能買清單上的東西等等。此外，讓孩子參與購物，對他們來說也是一種樂趣。可以試著請孩子幫忙把架上東西放進購物籃，讓他們產生積極參與的意願。

這樣的說法也很讚！

說明理由：**買好東西，我們就能趕緊回家了，我會很高興喔。**

#07 當孩子和朋友吵架

✕ 以人為中心

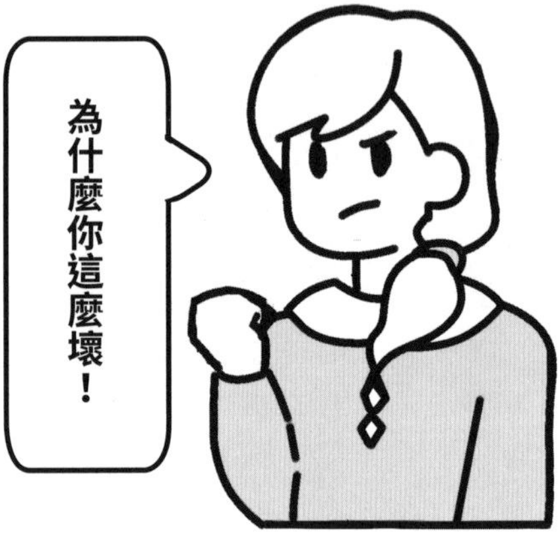
為什麼你這麼壞！

○ 以過程為中心

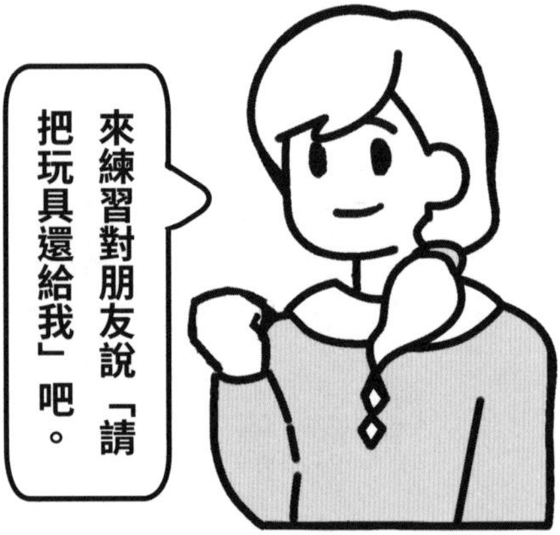
來練習對朋友說「請把玩具還給我」吧。

幼兒在遇到不滿或不開心的時候，經常會打人，這是因為他們的自制能力還未發育完成，而且也還未擁有足夠的語言能力來表達感受。在這種情況下，重要的是教導孩子為什麼不能打人，並且讓他們知道，除了打人以外有什麼解決方法。

當然這也關係到其他孩子的安全，因此可能沒有多餘時間讓你慢慢來，但觀察並了解孩子為什麼有這種行為，有助於防止類似的事件再次發生。

這樣的說法也很讚！

說明理由：**朋友被你拉頭髮會很痛，所以媽媽我必須阻止你。**

#08 當孩子考試成績不好

✕ 以人為中心

你考得真爛！
為什麼考不好？

○ 以過程為中心

一起確認你哪裡不懂，
看看下次能不能答對！

大人也有失敗的時候，如果被人反覆說「為什麼辦不到」，會讓你自我反省嗎？孩子也一樣，持續「以人為中心」的責備方式，會讓孩子開始把結果和能力連結在一起，覺得「反正我做不到，努力也沒用」，因而不再努力。

當成果發表會不順利，或足球比賽輸了的時候，孩子可能很沮喪。這時請先和孩子分享遺憾的感受。然後告訴孩子怎麼活用這次的經驗，當做學習的機會，期許下次成果能更好，這樣的說詞會更有效。

這樣的說法也很讚！

說明理由：**你沒考好很不甘心吧。如果下次這題你能答對，我也會很高興的。**

#09 當孩子不想寫功課

✕ 以人為中心

別一直打電動，快點去寫功課！

○ 以過程為中心

前幾天你很早就寫完功課，我覺得你很努力呢。

有時候我們看到拖拖拉拉、不趕快去寫功課的孩子，就會覺得很煩燥。即使一直催他們寫也沒有用，因為孩子有他們不想寫的理由，太無聊、功課看不懂等。這就和要求孩子「去用功讀書」是一樣的。

這時父母能做的是，打造容易寫功課的環境。首先要設置好孩子寫功課的專屬空間和固定的時間，讓寫功課成為一種習慣。也可以和孩子談談過去順利寫完功課的例子，訂定規則的時候，也要採納孩子的意見。

這樣的說法也很讚！

說明理由：**我很擔心你會因為寫不完功課，明天上學遲到。**

#10 當孩子晚回家

✕ 以人為中心

○ 以過程為中心

小孩長大以後，他們會更喜歡和朋友在一起的時間，有時候難免錯過門禁時間。對父母來說，這不僅是失信，也會擔心孩子的安全，無形中成為一種壓力。

父母首先要好好告訴孩子，為什麼需要設限。然後請讓孩子參與討論制定家規，而非單方面把規定強加到孩子身上。自己也參與制定規則的話，也能提高孩子對自己行為負責的可能性。

這樣的說法也很讚！

說明理由：**你晚回家的話我會很擔心，希望你能準時回家。**

第四章

與孩子建立聯繫的傾聽習慣

讓孩子自由成長的「積極聆聽」

孩子學習溝通能力的第一個教室就是家庭。透過與家人、兄弟姊妹的對話和交流，他們得以學會適當的會話能力與社交技巧。

當孩子得到父母的「認同」時，就會敞開心扉；相反的，如果感到被批判或否定，就會封閉自己的心。換句話說，**為了持續與孩子對話，並維持良好的親子關係，向孩子傳達「我認同你」的訊息非常重要。**

那麼，我們要如何把這種接納的心意更高明地傳達給孩子呢？在第二和第三章中，我們探討過和孩子說話的方法，而認真傾聽孩子意見的**「積**

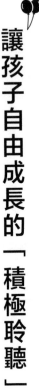

極聆聽」也是溝通中很重要的一環。

用百分百的注意力傾聽孩子

所謂的積極聆聽（active listening），**就是把注意力完全集中在說話對象上，無條件傾聽他的意見，不對他的話做任何增減**[26]。

那麼，和孩子對話的時候，大人是否會動用自己所有的注意力，不帶偏見地傾聽孩子的意見呢？

你會不會打斷孩子的話，或是懷疑他、隨意給予評論，甚至不小心就對他說教呢？我們是不是經常被忙碌的生活追著跑，心事重重，或是對孩子的意見有偏見，心不在焉地聽孩子說話，隨便地左耳進右耳出呢？

「積極聆聽」不僅針對孩子說話的內容，也得注意孩子的肢體語言，因此需要高度的專注和耐心。

放下自己的心事和成見之後，用耳朵、眼睛、心靈去傾聽眼前的孩子，這並非易事。唯有對孩子所說的感興趣，由衷關懷和尊敬孩子的人才能辦到。

培養獨立思考，從「不被否定」開始

積極聆聽的最大好處，就是可以帶來安心感，孩子覺得「自己的話不被批判，得到理解」，因此無須找藉口或要花招，讓孩子有反省自己、自己思考解決辦法的機會。

此外，在積極聆聽當中，情緒不分好壞。無論是憤怒、難為情、嫉妒、悲傷等等，任何情緒都不會被傾聽的父母或大人否定，一概接受就是積極聆聽。這樣一來，孩子就不會對自己的情緒感到難為情、排斥或有罪惡感，可以更容易接受自己的感受。父母不應告訴孩子「不用為了這種事生氣」、「不用每次都為了這種事難過」，這會容易使孩子試圖壓抑自己的感情。

自己的話有人認真傾聽，有人接納自己的感覺，可以讓他們不逃避面對自己的感受或問題，並學會自己負起責任並主動思考，而不是依賴父母或大人。而且得到別人理解的感覺，當然也能改善親子關係。無論傾聽者或被傾聽者，積極聆聽帶來的正面影響，也包括了對彼此產生好感和溫暖的情緒。

「積極聆聽」四個重點

要有效地實踐「積極聆聽」，有以下四個重點：

肢體語言

在積極聆聽時，透過語言以外的肢體語言和態度，來表現出對對方的興趣，創造易於交談的環境非常重要。有研究指出，肢體語言在人類溝通中占了五十五％[27]，是非常高的比例。

為了表現出對於對方的興趣和關心，記住肢體語言的SOLER原則[28]很有幫助，這種肢體語言能有效釋出善意。

S＝Square（正前方）：**和對方正面相對**

O＝Open（開放的姿勢）：**不要交叉雙腿或手臂，也不要用手指玩耍**

L＝Lean（傾斜）：**朝對方前傾身體**

E＝Eye contact（眼神接觸）：**和對方進行眼神交流**

R＝Relax（放鬆）：**避免心神不定，保持冷靜**

無條件接受的精神

積極聆聽時，除了利用肢體語言打造說話者易於說話的環境以外，真誠地聽對方說話，無條件接受的心理準備也發揮非常重要的作用。若缺乏這個

「接受精神」，積極聆聽就難以成立[25]。

興趣

真心誠意對孩子的話感興趣。盡可能停下手邊的事，預留時間聽孩子說話。

態度

全心接受孩子的感受。無論多麼微不足道，或是和自己的意見有多麼不同，都不要對孩子的感受棄之不顧。

信任

相信孩子。即使孩子感到挫折，也要相信他有自己解決問題的能力。

分離

把孩子當做獨立的個體，思考時和自己做切割。我們必須理解孩子也是有自己的思想和感受的獨立個體，並非自己的分身或所有物。

回應能力

所謂的回應能力，是指**重複或歸納說話者的感受或問題，並確認是否以相同的溫度理解對方言論的過程**。

此時父母或大人身為傾聽者，不對孩子（說話者）提供自己的意見或評價，也不給建議或鼓勵[26]。只需透過重複孩子的話（**重複**）、用別的話語重說一次（**換句話說**）、提問澄清（**明確表達**），還有用自己的話簡潔地統整要點（**歸納**），來確認說話者和傾聽者的理解是否一致。

透過這樣的回應，也有助於建立信任關係，成為孩子自行思考的契機。

注意「溝通障礙」

當我們使用積極聆聽時，必須盡可能避免平時習慣性的回應。即使在其他的情境中是適當的反應，在積極聆聽時，我們會把這些慣性回應稱為「溝通障礙」[25]。

下評斷

當我們依照大人的價值觀批判孩子，或是貼上負面的標籤時，就很難看清眼前孩子的本質，也難以貼近孩子的心情或問題。

企圖為孩子解決問題

當孩子說話時，父母發號施令或隨意給建議，將會剝奪孩子自己解決問題的機會。

此外，像是「因為你一個人做不到，那就讓我來幫你做」的行為，也可能會被孩子視為「我的能力不被信任」的證明。

轉移話題

父母愛講大道理，或是覺得「這沒什麼大不了」，極度冷眼看待孩子的感受，不僅會剝奪孩子暢所欲言的機會，也等於把孩子一腳踢開，將他的問題和擔憂視為無關緊要的事情。

積極聆聽時，真誠地傾聽比起講大道理更重要。

實踐「積極聆聽」的四個重點：

1. 肢體語言

2. 無條件接受的精神

3. 回應能力

4. 注意「溝通障礙」

「積極聆聽」的應用

很多大人在聽孩子說話時，容易產生溝通障礙。

請見以下的例子：

當孩子和朋友吵架❹

假設孩子放學回家，一副垂頭喪氣的樣子。這時要怎麼跟他說話呢？

❹此篇的對話法適用年齡為幼兒～國小低年級。

孩子 知佳今天沒有和我玩。

父母 明天再跟她說陪你一起玩吧？

你不說她怎麼知道。**（隨便給建議）**

孩子 可是我不要再跟知佳玩了。

父母 每次為了這種小事就不跟人家玩了，真拿你沒辦法。**（評斷）**

你一定只是累了，沒關係，明天就不會這樣想了。**（轉移話題）**

孩子 我不想去幼稚園了！

如果使用「積極聆聽」的技巧，溝通的內容就會有些不同。

孩子 知佳今天沒有和我玩。

父母 你沒和知佳一起玩啊。**（重複）**

孩子 你覺得很失望吧。（**明確表達**）

父母 對。我不想再跟她玩了！知佳不是我朋友了！

孩子 這樣啊。你不想再跟知佳當朋友了嗎？（**換句話說**）

父母 ……可是，知佳之前跟我說過「一起來玩扮家家酒吧」。

孩子 這樣啊。之前知佳找你「一起玩扮家家酒」啊。（**重複**）

父母 嗯。知佳喜歡玩扮家家酒。可是，每次都是知佳當媽媽，我都不能當媽媽。

孩子 原來如此。每次都只有知佳能演媽媽嗎？（**換句話說**）

父母 你和知佳玩的時候，也很想當媽媽吧。（**歸納**）

孩子　不過有時候我也可以當媽媽。

知佳也有很好心的時候。

父母　這樣啊。

那時候你和知佳一起玩開心嗎？**(明確表達)**

孩子　嗯！明天我和她說說看「我想當媽媽」吧。

當孩子心情不好❺

讓我們再看一個對話的例子。

假設小孩放學回家後，情緒明顯很暴躁。這時要怎麼跟他說話呢？

孩子　我今天不吃飯了。

父母　為什麼不吃飯？我都特地煮好了！（**批判**）

你老是吃點心才會肚子不餓吧。（**講大道理**）

孩子　我就吃不下嘛。

父母　你待會會肚子餓，多少吃一點。（**命令**）

孩子　就說我不要了！煩死人了！

父母　你怎麼就只會給我頂嘴！（**批判**）

如果使用「積極聆聽」的技巧，溝通的內容就會有些不同。

孩子　我今天不吃飯了。

父母　這樣啊。你今天不想吃飯啊。（**重複**）

❺此篇的對話法適用年齡為國小高年級～國中。

孩子 我壓力太大吃不下。

父母 在學校發生了什麼不開心的事嗎？**（明確表達）**

孩子 今天公布籃球隊的先發名單，我落選了。

父母 原來是這樣啊。

你沒被選上先發球員。**（重複）**

孩子 而且教練還對我大發脾氣，真是糟透了。

父母 這樣啊。你惹教練生氣，所以心情很沮喪吧。**（換句話說）**

孩子 明明教練沒看到發生經過，還對我隨便發脾氣，真討厭。

父母 你是不是覺得自己「沒有得到正確的評價」？**（明確表達）**

孩子 對。我明明都做得很好，還被大吼大叫。

父母 你覺得自己做得很好，可是教練卻對你發脾氣嗎？**（重複）**

孩子 而且我也不知道要怎麼跟教練說先發球員的事情。

父母　溝通不順也是個問題。你其實想要和教練好好談談沒選上先發球員的事吧。**（歸納）**

孩子　我沒選上先發球員很不甘心。

父母　是啊，你很不甘心吧。**（重複）**

孩子　雖然不知道行不行，總之我明天再跟教練談談吧。

當然現實的狀況並非像舉例的這麼簡單，但無論哪一種劇本，使用積極聆聽之後，都會讓對話的品質有明顯的落差。

當親子對話出現許多「溝通障礙」時，就無法留心孩子的煩惱和感受。不僅難以明白孩子難過和失望的心情，問題也沒能解決。

另一方面，採用「積極聆聽」的對話，我們可以看到對話在「重複、換句話說、明確表達、歸納」當中，逐漸以孩子的角度思考事情。**可見當**

孩子覺得自己得到接納，就不會封閉自己的心，更容易和父母分享自己的感受和問題。

如上所述，積極聆聽和只是默默地被動傾聽截然不同，也和父母單方面為孩子解決問題不同。

積極聆聽指的是**不以成人價值觀和判斷過濾，貼近孩子的世界，發自內心傾聽孩子的話**。這樣一來，孩子最終能靠自己思考並解決問題。

發生衝突的七個習慣

每個父母的願望，應該就是能夠不斷和孩子保持對話，並建立良好的關係。

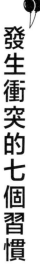

根據選擇理論（Choice Theory）心理學[29]的觀點，我們的行為可以有以下選擇：**「建立聯繫的七個習慣」**和**「發生衝突的七個習慣」**。選擇理論心理學認為，所有的行為以及由此產生的「幸福」都是自己選擇的結果，良好的人際關係可以靠自己的思想和行為來建立。

這個理論也適用於和孩子的關係。那麼，首先我們來看看，哪些行為會導致親子關係惡化。「發生衝突的七個習慣」也包含了前述的溝通障礙。

1. 批判

「早跟你說過了吧！」

「要跟你講幾次才懂！」

「你又不是小嬰兒了！」

以否定方式指出孩子行為的缺點或錯誤。

2. 責備

「都是你害我遲到的。」

「你為什麼不先說！」

「都是你不小心才會把桌子弄髒！」

當事情不順利的時候責怪孩子。

3. 抱怨

「吵死了！」

「完全不行！」

「快點做！」

對孩子說出失望或不滿。

4. 威脅

「你再哭我就丟下你不管了。」

「你不聽媽媽的話，我就不跟你玩了。」

「你考試考不好，就不能帶朋友來了。」

以懲罰威脅恐嚇孩子。

5. 處罰

- 沒收玩具
- 減少零用錢
- 體罰、無視

沒收孩子的東西、收回愛等等。

6. 賄賂

「當個乖孩子就給你零食。」

「好好刷牙就給你貼紙喔。」

「你今天很聽話，買玩具給你吧。」

配合大人的時候，就給孩子稱讚或獎勵。

7. 嘮叨

「你有沒有認真聽我說？」

「真的懂了嗎？」

「我要說幾次你才懂？」

沒完沒了對孩子講同一件事，不停說教。

回到「不控制小孩」的原則

孩子打翻東西的時候，你會不會說出以下這些話呢？

「哎呀又來了！你老是打翻碗！為什麼沒用兩隻手拿？」（**抱怨、批判、指責**）

「你再打翻我就不給你吃布丁了！」（**威脅**）

「下次沒打翻就給你貼紙。」（**賄賂**）

「別再打翻了。喂，有沒有在聽？跟你說過要好好拿著了。」（**嘮叨**）

日常生活中，可以發現我們常不自覺施行了「發生衝突的七個習慣」。**這些習慣有著共通點，那就是意圖從外部控制孩子來配合大人。**不僅是對孩子，仔細想想，我們是否也對職場的同事或上司、伴侶或戀人、朋友等等，對大人也施行這些習慣呢？思考過後，你應該會感到很驚訝。

若繼續採取這種態度，當然沒有人能成為你分享快樂或喜悅的對象。

建立聯繫的七個習慣

「發生衝突的七個習慣」是人際關係惡化的原因；相對的，「建立聯繫的七個習慣」則是改善人際關係的解決方案。

1. 支持

「這次很可惜，讓我們一起想想，下次要怎樣才能做得更好吧！」

支持孩子實現自我。

2. 鼓勵

「雖然你這次失敗了，但你每天都很努力練習，就算現在做不到，我相信總有一天你可以的！」

在孩子失敗或沮喪的時候給予勇氣。

3. 傾聽（積極聆聽）

- 肢體語言
- 接納
- 回應

利用以上表達方式，傾聽孩子的感受和聲音。

4. **信任**

- 不幫忙孩子自己做得到的事，嘗試等待
- 即使孩子正在歷經瓶頸，還是先試著在旁邊關注就好

不帶偏見地相信孩子的能力並耐心等待。

5. **尊重**

- 承認孩子擁有和大人一樣的權利，也是一個人
- 將孩子看做尊貴的存在，不強求上下關係

把孩子當成獨立個體看待。

6. **協調**

- 這不是一場決定誰對誰錯的交易

・不要把大人的意見或結論強加於孩子

當雙方意見或價值觀有歧異的時候，努力尋求妥協。

7. 接納

・別忽視孩子的意見，先傾聽並試著理解他的感受

・無論孩子行為的好壞，接受他的真實面目

認可孩子的真實感受，接受他的本來樣子。

在日常溝通使用「建立聯繫的習慣」

和剛才的情境一樣，孩子打翻茶的時候，如果我們應用「建立聯繫的七個習慣」會怎麼樣呢？

「雖然打翻了，但媽媽知道你已經很小心了。」（**接納**）

「我們一起想一想，怎麼做才不會打翻吧！」（**支持**）

「這樣啊。因為杯子溼溼的所以手滑了。」（**傾聽**）

「原來如此。你想像爸爸一樣單手拿杯子嗎？」（**接納**）

「如果飲料灑在地上，被踩到的話，可能有人會滑倒受傷喔。媽媽單手拿的時候，會先確認杯子沒有溼溼的，你下次要怎麼做呢？」（**協調**）

像這樣一項一項和「發生衝突的習慣」做對比，在彼此對話中實踐「建立聯繫的習慣」，就可以創造出效果十分驚人，而且與以往完全不同的親子關係。

當「發生衝突的七個習慣」已經成為慣性時，要把行為改成「建立聯繫的七個習慣」並非易事。

可是，為了和孩子建立更良好的關係，而且也為了提升孩子和你自己的幸福感，請試著意識到「建立聯繫的七個習慣」，並在日常的溝通中採用此方式。

「建立聯繫的習慣」和「發生衝突的習慣」對照表

建立聯繫的七個習慣	發生衝突的七個習慣
支持 Supporting	批判 Criticizing
鼓勵 Encouraging	責備 Blaming
傾聽 Listening	抱怨 Complaining
信任 Trusting	威脅 Threatening
尊重 Respecting	處罰 Punishing
協調 Negotiating differences	賄賂 Bribing
接納 Accepting	嘮叨 Nagging

第五章

這種情況怎麼辦？牛津博士來解答

1 孩子還小，我這樣說他聽的懂嗎？

我是否應該根據孩子的年齡改變責備和稱讚的方式？我的小孩才兩歲，就算跟他解釋也聽不懂。即使如此，責備的時候還是要告訴他理由嗎？

雖然是兩歲，剛滿兩歲還是已經快三歲，狀況完全不同。不過一般來說，孩子到了三歲就會逐漸開始明白，事情都是環環相扣（有邏輯概念）的。

此外，研究也顯示，就連二十一個月大的幼兒，在還沒有確立自己的口語（發音）以前，都能理解某種複雜程度的句子構造（相當於用三個詞彙組成的句子）[30]。

雖然他們理解得越來越多，但兩歲小孩換位思考的能力還不成熟。另外，因為他們想自己嘗試的願望非常強烈，可是兩歲小孩的口語能力還在發展中，無法像大人一樣充分表達自己的感受，經常會在事情不如意的時候發脾氣。這也是此時期的特徵。

各位可能也有這樣的經驗，在孩子發脾氣的時候，即使向他解釋理由，但因為孩子正處於不滿和憤怒的情緒巔峰，起不了作用。這時請回想「積極聆聽」的接納精神和回應能力，**先接住孩子的情緒吧**。

「我知道了，你想穿那件藍色的睡衣吧。」

等小孩冷靜以後，再簡單解釋一次理由。「藍色的睡衣還在洗不能穿，乾了以後再穿吧！」然後維持規則的一致性（別昨是今非），盡量言而有信。例如可以在藍色的睡衣乾了以後，試著詢問孩子想不想穿。如果大人的言行一致，孩子也能更快理解家庭的規矩。

關於稱讚的方式，**除了留意對幼兒的說明應該簡潔以外，面對三到十二歲的孩子，口頭教養的重點無須根據年齡改變。**

事實證明，即使是十四到二十六個月大的幼兒，如果父母給予「以過程為中心的稱讚」多於「以人為中心的稱讚」，多年後孩子往往會擁有成長心態，也就是認為自己可以靠努力和動腦筋不斷成長[31]。

總之，從小就聽到「你堅持到最後了」、「你很努力都沒放棄」，比起「乖孩子」、「好聰明」的說法，更有可能提升孩子在未來接受挑戰的意願與動機。

POINT

- 面對三到十二歲的孩子，無須改變責備和稱讚的方式。
- 不過，請留意說明時要使用該年齡的小孩能夠了解的詞彙。

2

小孩不罵不聽話，我要怎麼做到不罵孩子？

我的小孩很皮，不嚴厲罵他就不聽我的。應該很多父母曾經因為「不可以給別人添麻煩」而罵過孩子吧。尊重小孩也要有限度，要實踐本書的教育法很難吧？

在親子教養中，確實我們會遇到必須嚴厲斥責的情況。像是有關教育規範（例如餐桌禮儀）、涉及孩子自身的安全（例如跑到馬路上）、他人的安全（例如傷害朋友）、愛護環境（例如破壞公物）的情況，我們都必須提醒孩子注意。

「尊重孩子」並不代表讓孩子為所欲為，完全不訓斥小孩。

所謂的「放任式的教養模式」（permissive parenting），有更高的可能性會讓孩子的同理心（體諒別人感受的能力）下降，結果導致孩子出現反社會行為（對別人的攻擊性行為）的可能性大增[32]。以日本為例，特別是當父親採取這種消極、被動的對待方式時，很明顯的對孩子的心理健康有負面影響，例如憂鬱或焦慮症等[33]。

我要說的是，不是不能嚴厲地責備小孩。**問題不在於責備本身，而是大人對小孩的期待和責備方式**。

在責備之前，你對孩子的期待是否符合孩子的發展？

是不是因為孩子不配合大人才罵他？

請試著重新問自己一次。

為什麼會覺得孩子慢吞吞的？你是否對孩子有不合理的期待，要他和大人的步調一致？

為什麼當孩子不想回家想玩更久的時候，我們會覺得煩躁？你是否期待小孩和成熟的大人一樣，可以立刻切換情緒？

雖然在現代，很難總是有充裕的時間，但請試著讓孩子有時間預先準備。我建議父母們去公園之前先向孩子說明規則，或是給孩子選擇的機會，幫助孩子事前先做好準備，孩子不像大人，能從容應付各種突發狀況。

我也明白，當你沒時間的時候就會著急，不能按時行動的時候就會很煩躁。外出購物時孩子大哭大鬧，你會在意旁人的目光，覺得很困擾、給人添麻煩了。所以有時候，你不得不抱起哭鬧的孩子離開現場。

可是這種情況下，原則上，責備孩子的方式依舊不變。姑且接受了孩子的情緒後，請「以過程為中心」和孩子說話，或用「我訊息」（第一〇八頁）說明理由。

「無條件的相處方式」是尊重孩子是獨立的個體，不干涉或過度保護，讓他們自己思考，並耐心地支持他們的心態。無論大人認定行為「好壞」如何，都要付出愛關懷孩子，這就是「無條件的相處方式」。

重要的是停下來思考一下，自己對孩子發怒的原因到底源自什麼，是為了自己的面子，還是真的為了孩子著想。

POINT

當孩子的行為涉及社會規範、自身安全、他人安全時，嚴厲斥責是必要的。但是，除此之外的情況，當你對孩子感到煩躁時，你是不是為了大人的方便而罵小孩呢？請試著停下來想一想吧。

3 — 如何讓孩子乖乖遵守規定？

我和幼稚園的兒子約好「打電動只能三十分鐘」，但是他都不會在半小時內就結束。我如果沒收電動，他就會暴怒，所以只好延長他的電玩時間。這樣有什麼負面影響嗎？還有，我該怎麼做才能讓他遵守我們的約定呢？

眾所皆知，幼兒看螢幕的時間太久（每天兩小時以上），可能會對發育造成負面影響，如肥胖、睡眠問題，及自制力、學習能力、注意力和記憶力下降等等。

不過，隨著社交媒體、電視，還有 YouTube 這些影音平台已經成為我們生活的一部分，無法完全切割。就像教育孩子均衡飲食很重要一樣，我們也必須在育兒時教導孩子如何妥善運用3C產品。

為了安撫孩子的情緒而延長電玩時間的行為，相當於「放任式的教養模式」。**父母順應孩子憤怒的要求，未設下必要的限制，這是沒有善盡「優秀領導者」的職責**。父母模糊的態度對孩子來說，除了讓規則本身不明確以外，缺乏自信的領導能力，也會帶給孩子不安感。

那麼應該怎麼做？

首先「請說明理由」。使用3C產品太久會對身體造成不良影響，這就和一直吃垃圾食物危害健康一樣，請試著用具體的例子和孩子談一談。

「你有過一直打電動所以睡不著的時候吧？也有過看電視太久，覺得很累很不開心的時候吧？這就和一直吃有害身體的垃圾食物一樣。」

接著是「和孩子一起制定規矩」。有趣的是，研究顯示，我們發現當約定好的時間快到時，若提醒孩子「還有五分鐘」，會增加了他們發脾氣的頻率[34]。根據這一點，與其限制明確時間內結束，不如選擇在「告一段落」的時候結束，例如飯煮好以後就停，改成這種限制方式會比較順利推行（當然，如果是孩子自己提議的時間就另當別論）。

從另一方面來看，我認為有的時候，當你在移動中或準備餐點的時候，3C產品也是讓孩子暫時不吵鬧的救星。此外，3C產品也不全都是壞處，親子一起看電影，或一起打電動時，就是家庭的娛樂工具之一，能維繫彼此感情。

只要孩子看電視或打電動的時間，沒有多到大幅侵蝕了戶外玩耍等活動身體的時間，或是變成安撫孩子憤怒的「情緒奶嘴」，就不必把3C產品一概視為毒品。

並不是讓小孩玩電動的父母，就是「壞父母」或「懶父母」，也不必有罪惡感，請爸媽們試著放輕鬆吧。

POINT

- 請說明為什麼規定三十分鐘的理由，和孩子一起制定規矩。
- 看電視或打電動未必是壞事，請放輕鬆想一想吧。

4

祖父母很寵小孩，該如何應對？

身為父母的我們很注意如何正確稱讚孩子，但是祖父母、親戚或鄰居等等的其他大人，卻經常稱讚我的孩子「聰明」、「漂亮」。我是否應該要求他們停止這麼說？

另外，當孩子被外人誇獎，當父母的總會不經意就在孩子面前謙虛地說：「他沒那麼聰明啦～」這樣是不是不太好？

我想應該有很多人，都曾因自己或另一半的父母對待小孩的方式感到困擾。這些長輩們有時候會幫忙照顧孩子，而且又是出於好意，就算想抱怨也令人難以啟齒。

我認為，不必在意日常接觸不多的親戚或鄰居所說的「以人為中心的稱讚」。只不過，**如果會長時間和他們相處，重要的是必須在自己的教養方式，和長輩們對待孩子的方式之間找到平衡點，這不僅包含對孩子的口頭教養，還有飲食習慣等層面。**

例如，和祖父母度過許多高品質時光的孩子，往往會對年長者的印象比較正面[35]。雖然有這樣的優點，但另一方面，日本的研究也顯示，雙薪家庭而由祖父母照顧的孩子們，肥胖的機率高了一點六倍[36]。我們常見到祖父母為了討好小孩，頻頻給孩子零食[37]，這種寵壞行為，可能會對孩子的健康造成不良影響。

「我訊息」（第一〇八頁）不僅可以用來和孩子溝通，也是和大人溝通時可以派上用場的工具。請試著和自己或另一半的父母討論對孩子的教養方式，先感謝他們對孩子的愛，再具體把自己的感受和做法加上理由告訴他們。在傾聽（應用「積極聆聽」技巧）上一代對育兒的期待和意見之後，**試著以「育兒是為了誰」為主題，懷著感恩的心與他們談談。**

我們的文化以謙遜和謙虛為美德。我想應該很多人有過這種經驗：當小孩或家人得到外人稱讚時，會自己先否認「哪裡哪裡，沒這回事」，或者有人稱讚自己時，被家人因為面子而否認。

研究顯示，小孩在六歲左右，會開始逐漸理解現實與幻想的區別，但必須到十歲左右，才能理解諷刺話語的背後意涵，所以大人這種否認的言論，會被孩子認為帶有惡意[38]。換句話說，孩子無法區分真心話和場面話，他們會從話語的表面理解和解釋，並得出可能完全相反的結論。

因此，**即使父母是為了面子、謙虛才會隨口說「沒有沒有，他沒那麼聰明啦」，孩子還是會覺得父母直接否定了自己。被最愛的人否定，即使**

是出於謙虛，不僅會傷了孩子的心，就算是大人也會受傷。

下次當有人誇獎你的孩子時，請試著坦率地說聲「謝謝」，接受稱讚吧。

POINT

- 跟平時長時間和孩子相處的大人（例如祖父母）談一談對待孩子的方式，並理解他們的意見。
- 在孩子十歲之前，他們不能理解謙虛和場面話。因此，孩子得到別人讚美時，請用一句「謝謝」坦率接受稱讚吧。

5

孩子偏食怎麼辦？

我的孩子快三歲了，他很偏食，不太愛吃飯。結果我就用零食當做獎勵的方式，讓小孩吃蔬菜。這對孩子有負面影響嗎？我該怎麼做？

很多父母都會為了小孩偏食而煩惱不已。據統計，十九到二十四個月大的幼兒，偏食率高達五成[39]。

我們無論把蔬菜切得多細，設法混進他平常會吃的菜色中，小孩還是會找出他討厭的食物，簡直像個名偵探一樣。爸媽們花了很多時間反覆試驗菜色，每次卻都得到「我不要」的回應，這的確很令人煩躁和灰心。

為了讓孩子吃得營養，有很多爸媽會在無意中就對孩子說：「再吃兩口青花菜，就給你吃餅乾。」可是，**用食物當做獎懲工具，會造成許多負面影響**。

首先是**造成食物有優先順序**。如果太常採取「不吃青花菜就不能吃零食」的做法，就等於告訴孩子「零食是獎勵」，而對身體營養價值高又重要的「蔬菜是處罰」。而且，給零食當做獎勵，會讓孩子對這些造成蛀牙或肥胖的食物有更大的需求。

長期的研究顯示，被告知「你乖一點就給你餅乾」的孩子，長大後容易出現暴飲暴食，或是進行不合理的減肥法[40]。換句話說，用食物當做獎懲工具，即使出發點是為了孩子好，仍會造成孩子離健康的飲食習慣越來越遠，而且這等於是控制孩子行為的教養方式。

當然，我想各位已經很辛苦地試過各種方法，實在是沒辦法了。要如何避免在孩子的飲食上使用獎懲的方法呢？

第一，孩子不吃蔬菜也不必慌張。除了蔬菜以外，我們可以用豆類、水果等其他食材來補充可能缺乏的維生素。提供孩子食物的時候，不要讓食材有優先順序，平等地盛在餐具中。大人不能強迫孩子要吃多少量，試著由孩子決定吃多少。

第二，面對抗拒嘗試新食物的孩子，我們要多點耐心。我們都知道，特別是幼兒更會排斥嘗試新食物（口感或外表不同）。研究顯示，對三歲左右的幼兒來說，要反覆介紹新食材五到十次；三到四歲的孩子則要介紹約十五次，才能提高孩子吃的機率[41]。

第三，盡量讓孩子參與購買和烹調食材。雖然帶小孩子去購物、煮飯會花比平常更多的時間，也可能會增加父母負擔。但是，很多事情小孩子也可以做，例如把食材放進購物籃，或是用手撕碎生菜。而且孩子也會對自己參與烹飪過程的食物，比較有興趣吃。

當然，這些建議並不是靈丹妙藥。我知道這些事做起來費盡心力，但為了長遠考量，讓孩子養成健康的飲食習慣，請試著盡量在平時的用餐時間也避免用獎勵和處罰。

POINT

用食物當做獎懲的工具會對孩子造成負面影響。請試著：

1. 別勉強孩子吃
2. 讓孩子不熟悉的食材重複出現在餐桌上
3. 邀請孩子一起買食材或參與烹調過程

6

我的孩子已經國一了，書上的方法還適用嗎？

我的孩子已經國中一年級了。以前我都嚴厲地罵他，現在才改變稱讚和責備的方式，有效嗎？

我不知道會不會立即見效。**然而，改變稱讚和責備的方式，對你來說是一個寶貴機會，讓你認真面對過去孩子在你心中的形象，而且也從根本上扭轉你對不斷成長的孩子的印象。**

你以前為什麼要嚴厲斥責孩子？生氣的原因，是否出在孩子在你心中有自行認定的形象，和孩子的實際行為不符？也可以想一想，斥責有顯著效果嗎？你是否因為罵完小孩以後反覆陷入後悔、反省的迴圈而討厭自己？

雖然前文說過，對待三到十二歲的孩子不需改變應對的方式（見本章Q1），但國中的孩子，他們的身心需求截然不同。

青春期，也稱為「不要不要期的再次到來」，孩子除了情緒起伏較大以外，也會對父母的建議或家庭的規定產生質疑，追求獨立而出現叛逆行為。此外，朋友對他們的影響力大於父母，這也是青春期的特徵。他們會開始比較自己和旁人，過度在意自己在班上的人氣，對友好的人際關係非常敏感。這時，如果父母一直覺得「小孩不管幾歲都該聽父母的話」，這種觀念就會和青春期孩子試圖脫離父母的行為之間產生落差。

請試著把孩子在青春期發展的特徵放在心上，重新再次審視，自己是否對孩子有不合理的期待。還有，如果過去對待孩子一直以責罵為主，就先試著從傾聽孩子的意見開始吧。你是否會在責罵以前，先思考孩子為什麼會有這種行為，或者有沒有試著直接問孩子有什麼感受？

當然，如果你問青春期的孩子太多問題，他可能會覺得你侵犯隱私，內心或許會更加封閉。請父母努力「積極聆聽」，盡量傾聽孩子的意見和感受。深入了解孩子為了什麼事感到挫敗？真正希望父母體諒的是什麼？

有些時候，稱讚青春期的孩子，也需要稍微改變方式。這是因為青少年的孩子在得到大人的稱讚時，往往會懷疑大人的誠意，當努力後又沒有相應成果時，孩子就容易流於自我否定，就算「以過程為中心的稱讚」也可能導致反效果[42]。

父母要做的是，請以「積極聆聽」接受孩子的感受，並給予具體的回饋意見鼓勵孩子，當他們犯錯時，為他們指引方向。

青春期的孩子身材已經長大許多，精神上也被強烈要求視為大人，但此時期仍需要父母扮演準備充分的優秀領導者。無論在任何情況下，請向孩子傳達你的愛與關懷。

POINT

- 改變稱讚和責備的方式，是重新審視孩子在自己心中形象的機會，隨時都可以開始。
- 請留意青春期孩子的特點，以「積極聆聽」為前提和孩子交流。

結語

別勉強自己當個理想爸媽

現代父母，尤其是母親，為了成為社會期望的「理想母親」，面臨巨大的壓力。「理想母親」應該親餵、和孩子共讀、做造型便當、接送、打點三餐、做家事、在家照顧家人、無論何時都和顏悅色等，例子多到不勝枚舉。

這種「母親就該」的無聲社會壓力，會增加母親的罪惡感、自卑感、壓力，而且和極度疲勞大有關係[43]。這是因為當人被寄予厚望時，常會擔心失敗或錯誤，因而感到不安[44]。

「理想母親」的壓力與罪惡感

會形成這種社會規範，是因為只要大家越遵守，就越變成社會的普遍認知，相反的，越反抗越會遭批判。當然，如果自己未達到所謂「理想的母親形象」，就會產生罪惡感。每次聽到旁人，例如同事或家人不體諒的意見，都會讓人更加覺得自己是距離理想很遙遠的「壞媽媽」。

遺憾的是，日本根深蒂固的觀念是，為了維護自己在社會上的身分，行為應該要「正常」地「和大家一樣」。不用說，這種觀念對於已經盡心盡力的媽媽們來說，等於要一直維持這個「理想形象」，非常痛苦。

媽媽自己要先感到幸福

隨著異國文化之間的交流和人才流通的蓬勃發展，日本正逐漸從集體主義慢慢轉向個人主義，也就是「以自己的目標、思想和情感為主體」[45]。雖然尊重個性和多樣性的想法為越來越多人所接受，但「理想母親形象」這類社會規範依舊根深蒂固，這也是日本的現狀。還有許多日本人認為，個人主義可能會破壞人際關係，現在仍存在這樣的看法也是事實，「尊重個人」和「社會規範」之間正在產生摩擦[45]。

當然，「母親就該」的同儕壓力會給母親帶來龐大壓力。而且就像孩子在我們心中的形象，是大人情感或行為的根源一樣，我們自己心中「父母的形象（看法）」，也會對自己的情感有很大影響。

換句話說，越相信「母親就應該是這樣」的社會母職形象的人，就越會為了自己和形象之間的差距感到痛苦。例如，「母親應該花時間陪孩子」的形象在自己的心裡越強烈，就越會因為沒有花時間陪孩子而對自己感到煩躁和焦慮。

事實上，研究顯示，一個為了兼顧工作和育兒而焦慮、有罪惡感，或感到有壓力的母親，孩子和她在一起，也會對孩子的心理造成負面影響[43]。總之，**最重要的是，母親應該要讓自己有高度的心靈滿足**。

只要父母自己很幸福，就能給孩子更多。若能試著有意識地改變自己認定的父母形象，例如「我無須完美」、「可以巧妙運用市售熟食做料理（不餐餐親手做也沒關係）」、「我也可以犯錯」，或許就能對自己好一點。

畢竟你本來就是全力以赴，所以這不是「偷懶」。而且你也不必一個人努力！

相處品質比時間長度重要

現實中，你有沒有曾因沒空陪孩子而有罪惡感？

社會的成見普遍認為，和母親相處的時間，對孩子的未來發展不可或缺，這種觀念害許多媽媽對孩子感到內疚或抱歉。而實際上的數據顯示，對於自己工作給家庭或孩子帶來的影響，比起父親，雙親家庭的母親有更高的機率心生罪惡感[46]。事實證明，父母陪伴孩子對親子關係來說固然重要，但陪伴的品質更為重要。

雖然三到十一歲的孩子和父母相處的時間長短，並不會影響孩子的行為、情緒發展或學習能力[47]，但研究顯示，即使相處的時間不長，但跟父母一起進行高品質的活動，例如進行對話、一起看書、運動或DIY勞作等等，可以提高孩子的社交能力、自我肯定感，還有耐性[48]。

相反的，研究也顯示，即使相處的時間很長，如果只是看電視，或在一起無所事事，孩子並不會發展出社交能力和自我肯定感，對成長造成負面影響的可能性反而增加[48]。

總之，比起注意相處時間的長短，如何確保和孩子相處時間的品質，一起度過有內涵的時光才是重點。

父母也是人，你不必事事完美

兩人孕育新生命成為父母，這是珍貴的奇蹟，也是一件人生大事。有小孩可以體驗到前所未有的喜悅和幸福，但也會感受到育兒的煩躁和不安，這就是現實。

每個人都要面對各種狀況。如何兼顧家庭與工作、經濟問題、有缺陷的社會制度等等，天底下沒有完美的父母。

父母也是人。曾是單獨的個體，因為有了孩子的新生命而成為「父母」，這並不代表父母過去的價值觀、思考方式、缺點和習慣會在一夜之間出現戲劇性變化。父母也會有被情緒沖昏頭的時候。現實是，對孩子的感受也會根據自己情緒的緊繃或輕鬆而改變。

本書介紹了有關「稱讚」、「責備」等許多溝通技巧的重點。最重要的一點是，想想自己是為了誰在育兒，對待孩子時不強求配合大人方便。

不過，你不必全部都要做到。你不必扼殺自己內心湧現的情緒，像佛祖一樣無限接受孩子的行為，或是假裝接受。沒有人能夠每一次、每一秒都做到無條件教養。即使你偶爾以人為中心地誇大稱讚孩子，或是煩躁地罵小孩，請放心這也不會毀了他。

育兒沒有絕對的正確答案。本書不過是我身為一名學者，和各位讀者分享我喜愛又熱衷的研究內容。若能對各位的育兒認知有些許的貢獻，或是成為各位思考的契機，那也就夠了。

我認為每個人都會有罪惡感，或是在一天結束時反省自己的時候。身為父母，只要不斷地反省和成長，在自己能力範圍內把事情做好，試著做你認同的事，然後多多愛孩子，用這種腳踏實地的方式來育兒就夠了。

二〇二〇年春天　島村華子

參考文獻

1. Assor, A., Roth, G., & Deci, E. L. （2004）. The emotional costs of parents' conditional regard: A Self-Determination Theory analysis. Journal of personality, 72（1）, 47-88.
2. Kohn ,A .（2006）. Unconditional parenting : Moving from rewards and punishments to love and reason. Simon and Schuster.
3. Eanes , R . (2015 , September 25) . Does positive parenting reward misbehavior? [Blog post]. Retrieved from https://www.rebeccaeanes.com/does-positive-parenting-reward-misbehavior/

4. Schimel, J., Arndt, J., Pyszczynski, T., & Greenberg, J. （2001）. Being accepted for who we are: evidence that social validation of the intrinsic self reduces general defensiveness. Journal of personality and social psychology, 80（1）, 35-52.

5. Martalock, P. L. “What is a wheel?” The Image of the Child: Traditional, Project Approach, and Reggio Emilia Perspectives. Dimensions of Early Childhood, 40（3）: 3-12.

6. Jirout, J. J., & Newcombe, N. S. （2015）. Building blocks for developing spatial skills: Evidence from a large, representative US sample. Psychological science, 26（3）, 302-310.

7. Li, R. Y. H., & Wong, W. I. （2016）. Gender-typed play and social abilities in boys and girls: Are they related?. Sex Roles, 74（9-10）, 399-410.

8. Ferguson, E. D., Hagaman, J., Grice, J. W., & Peng, K. （2006）. From leadership to parenthood: The applicability of leadership styles to parenting styles. Group Dynamics: Theory, Research, and Practice, 10（1）, 43-56.

9. Kanouse, D. E., Gumpert, P., & Canavan-Gumpert, D. （1981）. The semantics of praise. New directions in attribution research, 3, 97-115.

10. Kohn, A. （1999）. Punished by Rewards: The Trouble with Gold Stars, Incentive Plans, A's, Praise, and Other Bribes. Houghton Mifflin Harcourt.

11. Mueller, C. M., & Dweck, C. S. （1998）. Praise for intelligence can undermine children's motivation and performance. Journal of personality and social psychology, 75（1）, 33.

12. Dweck, C. S. （2008）. Mindset: The new psychology of success. Random House Digital, Inc..

13. Hattie , J . , &Timperley, H . （2007）. The power of feedback . Review of educational research, 77（1）, 81-112.

14. Ryan, R. M., & Deci, E. L. （2000）. Self-determination theory and the facilitation of intrinsic motivation , social development , and well-being . American psychologist, 55（1）, 68-78.

15. Henderlong, J., & Lepper, M. R. （2002）. The effects of praise on children's intrinsic motivation: A review and synthesis. Psychological bulletin, 128（5）, 774-795.

16. Lee, H. I., Kim, Y. H., Kesebir, P., & Han, D. E. （2017）. Understanding when parental praise leads to optimal child outcomes: Role of perceived praise accuracy. Social Psychological and Personality Science, 8（6）, 679-688.

17. Stormshak, E. A., Bierman, K. L., McMahon, R. J., & Lengua, L. J. （2000）. Parenting practices and child disruptive behavior problems in early elementary school. Journal of clinical child psychology, 29（1）, 17-29.

18. Madden, V., Domoney, J., Aumayer, K., Sethna, V., Iles, J., Hubbard, I., ... & Ramchandani, P. （2015）. Intergenerational transmission of parenting: Findings from a UK longitudinal study. The European Journal of Public Health, 25（6）, 1030-1035.

19. Brummelman, E., Nelemans, S. A., Thomaes, S., & Orobio de Castro, B.（2017）.

When parents’ praise inflates, children's self-esteem deflates. Child development, 88（6）, 1799-1809.

20. Siegel, D. J., & Bryson, T. P. （2019）. The yes brain: How to cultivate courage, curiosity, and resilience in your child. Bantam.

21. Newberg, A., & Waldman, M. R. （2013）. Words can change your brain: 12 conversation strategies to build trust, resolve conflict, and increase intimacy. Penguin.

22. Kamins, M. L., & Dweck, C. S. （1999）. Person versus process praise and criticism: Implications for contingent self- worth and coping . Developmental psychology, 35（3）, 835-847.

23. Hoffman, M. L. （2001）. Empathy and moral development: Implications for caring and justice. Cambridge University Press.

24. Choe, D. E., Olson, S. L., & Sameroff, A. J. （2013）. The interplay of externalizing problems and physica l and inductive discipline during childhood . Developmental psychology, 49（11）, 2029.

25. Gordon, T. （2008）. Parent effectiveness training: The proven program for raising responsible children. Harmony.

26. Robertson, K. （2005）. Active listening: more than just paying attention. Australian family physician, 34（12）, 1053-1055.

27. Mehrabian, A. （1971）. Silent messages （Vol. 8）. Belmont, CA: Wadsworth.

28. Egan, G. （1998）. The skilled helper: a problem-management approach to helping. London: Brooks Cole.

29. Glasser, W. （1999）. Choice theory: A new psychology of personal freedom. HarperPerennial.

30. Noble, C. H., Rowland, C. F., & Pine, J. M. （2011）. Comprehension of argument structure and semantic roles: Evidence from English-learning children and the forced-choice pointing paradigm. Cognitive science, 35（5）, 963-982.

31. Gunderson, E. A., Gripshover, S. J., Romero, C., Dweck, C. S., Goldin-Meadow, S., & Levine, S. C. （2013）. Parent praise to 1-to 3-year-olds predicts children's

motivational frameworks 5 years later. Child development, 84（5）, 1526-1541.

32. Beck, J. E., & Shaw, D. S.（2005）. The influence of perinatal complications and environmental adversity on boys' antisocial behavior. Journal of Child Psychology and Psychiatry,46（1）, 35-46

33. Uji, M., Sakamoto, A., Adachi, K., & Kitamura, T.（2014）. The impact of authoritative, authoritarian, and permissive parenting styles on children's later mental health in Japan: Focusing on parent and child gender. Journal of Child and Family Studies, 23（2）, 293-302.

34. Hiniker, A., Suh, H., Cao, S., & Kientz, J. A.（2016, May）. Screen time tantrums: how families manage screen media experiences for toddlers and preschoolers. In Proceedings of the 2016 CHI Conference on Human Factors in Computing Systems（pp. 648-660）. ACM.

35. Flamion, A., Missotten, P., Marquet, M., & Adam, S.（2019）. Impact of contact with grandparents on children's and adolescents' views on the elderly. Child

development, 90（4）, 1155-1169.

36. Watanabe, E., Lee, J. S., & Kawakubo, K.（2011）. Associations of maternal employment and three-generation families with pre-school children's overweight and obesity in Japan. International journal of obesity, 35（7）, 945-952.

37. Jingxiong, J., Rosenqvist, U., Huishan, W., Greiner, T., Guangli, L., & Sarkadi, A.（2007）. Influence of grandparents on eating behaviors of young children in Chinese three-generation families. Appetite, 48（3）, 377-383.

38. Glenwright, M., & Pexman, P. M.（2010）. Development of children's ability to distinguish sarcasm and verbal irony. Journal of Child Language, 37（2）, 429-451.

39. Carruth, B. R., Ziegler, P. J., Gordon, A., & Barr, S. I.（2004）. Prevalence of picky eaters among infants and toddlers and their caregivers' decisions about offering a new food. Journal of the American Dietetic Association, 104, 57-64.

40. Puhl, R. M., & Schwartz, M. B.（2003）. If you are good you can have a cookie: How memories of childhood food rules link to adult eating behaviors. Eating

Behaviors, 4（3）, 283-293.

41. Maier, A., Chabanet, C., Schaal, B., Issanchou, S., & Leathwood, P.（2007）. Effects of repeated exposure on acceptance of initially disliked vegetables in 7-month old infants. Food quality and preference, 18（8）, 1023-1032.

42. Amemiya , J . , & Wang , M . T.（2018 ）. Why effort praise can backfire in adolescence. Child Development Perspectives, 12（3）, 199-203.

43. Meeussen, L., & Van Laar, C.（2018）. Feeling pressure to be a perfect mother relates to parental burnout and career ambitions. Frontiers in psychology, 9, 2113.

44. Elison J., Partridge J. A.（2012）. Relationships between shame-coping, fear of failure, and perfectionism in college athletes. J. Sports Behav. 35 19–39.

45. Ogihara, Y.（2017）. Temporal changes in individualism and their ramification in Japan: Rising individualism and conflicts with persisting collectivism. Frontiers in psychology, 8, 695.

46. Borelli, J. L., Nelson, S. K., River, L. M., Birken, S. A., & Moss-Racusin, C.

（2017）. Gender differences in work-family guilt in parents of young children. Sex Roles, 76（5-6）, 356-368.

47. Milkie, M. A., Nomaguchi, K. M., & Denny, K. E.（2015）. Does the amount of time mothers spend with children or adolescents matter?. Journal of Marriage and Family, 77（2）, 355-372.

48. Hsin, A., & Felfe, C.（2014）. When does time matter? Maternal employment, children's time with parents, and child development. Demography, 51（5）, 1867-1894.

附錄

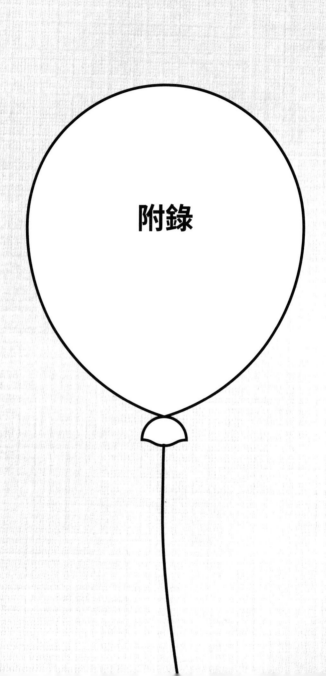

附錄一

速查！今天開始在家實行的稱讚和責備法

稱讚 ☺

✖ **敷衍、以人為中心**

「好棒、好棒！真不愧是〇〇！」——「敷衍」、「以人為中心」的稱讚方式欠缺具體性，是一種針對性格、能力、外表等等的表面稱讚方式。乍聽之下很不錯，但會導致孩子變得依賴稱讚，也可能對得不到稱讚的事情失去興趣，不想挑戰。

以過程為中心

「你很勤奮練習，不斷努力喔。」——不誇獎結果、能力或性格，而是提及孩子在專心做事的過程中付出的努力、勇於接受挑戰的態度，以及不斷嘗試的精神等層面，並給予鼓勵。即使成果不盡人意，這種稱讚也能讓孩子持續嘗試各種做法，靈活挑戰。

更具體的說法

「你做〇〇的時候，每一步都很細心喔。」——不說「好棒」或「不錯」，要提到更具體的過程。父母針對孩子的作品表達顏色、形狀、數量等看到的樣子也很棒。父母給予具體的回饋意見，讓孩子明白自己的長處、還需努力的地方，自然能為孩子增添動力。

開放式的問題

「你覺得哪一部分最難呢？」——提出可以展開話題的開放式問題。重要的是孩子本身的感受如何，對話時和父母分享開心和達成的事就夠了，不要用父母的想法強行評價孩子。

責備

以人為中心

「真是個壞孩子！為什麼你做不到？」——「以人為中心」的責備方式，指的是批評孩子的性格、能力，或是外表的缺點與不足之處。當孩子被批評性格或能力，自己會有無力感，覺得「反正我又做不到」，容易喪失下次挑戰的意願。

以過程為中心

「你想要〇〇對吧？我們一起想想該怎麼做才好吧。」——首先理解孩子想做什麼、想說什麼，從肯定的話語開始。對於導致失敗的努力或做法（有時是不熟練）給予具體的回饋，和孩子一起思考該怎麼做才能成功。

說明理由

「你忽然△△的話，可能會傷害到別人，媽媽會很傷心。」——請具體說明孩子採取的行為，將會對孩子本身和別人造成什麼影響。此外，誠實傳達父母的感受也很有效。

附錄二

0至17歲兒童發展階段特徵表

時期	年齡	發展階段特徵	來自孩子的訊息
幼年	0至1歲	• 雖然一開始辦不到，但是逐漸能控制手腳的動作 • 用手和嘴巴來探索自己的環境 • 用聲音、動作、表情企圖溝通 • 慢慢開始理解語言 • 開始認識自己的名字	「請讓我重複練習。」

時期	年齡	發展階段特徵	來自孩子的訊息
幼年	**1至2歲**	• 可以更自由行動 • 想觸摸或摔東西，看看會發生什麼事 • 開始慢慢理解自己的情緒 • 開始會說話，也能聽懂更多語言（例如簡單的指令） • 開始萌生自我意識，有點害怕陌生人 • 需要協助自我控制	「請協助讓我學會自己做。」

時期	年齡	發展階段特徵	來自孩子的訊息
幼年	2至3歲	•想自己多走路、跑步、跳躍 •什麼事都想自己來 •喜歡模仿大人 •可以用更多語言表達自己的感受 •自我意識和獨立心變強 •雖然想和朋友玩，但是和人分享玩具上還需要協助 •需要協助自我控制	「請協助讓我學會自己做。」

時期	年齡	發展階段特徵	來自孩子的訊息
幼年	3至4歲	• 會踢球、攀爬，自己會做的事變多 • 會自己解決問題 • 可以表達各種情緒 • 會說的詞彙增加 • 不僅會說單詞，也可以說完整的句子 • 自我意識和獨立心不斷增強（自我中心） • 和朋友一起玩很開心，希望多和朋友在一起 • 開始學會輪流和分享	「請協助讓我學會自己做。」

時期	年齡	發展階段特徵	來自孩子的訊息
幼年	4至5歲	• 身高更高，更擅長控制身體 • 開始慢慢理解現實和童話的區別，還不能完全區分兩者 • 開始表達更多的情感 • 開始用較長的句子說話或是編故事 • 開始會命令人，或是擺出老大的架子 • 自我意識繼續增強，同時也慢慢開始理解別人的感受 • 學會輪流和分享 • 發現情況不對時會撒謊 • 和朋友玩很開心，習慣父母不在身邊	「請協助讓我學會自己做。」

時期	年齡	發展階特徵	來自孩子的訊息
兒童	5至6歲	• 更加善於控制自己的身體，平衡感也更穩定 • 開始用原因來表達自身感受 • 更能理解別人的感受 • 詞彙量大增，可以用長句說話 • 思考方式慢慢有邏輯 • 開始自我評價，雖然犯錯時有罪惡感，但還是很難主動承認 • 所有事情都想問「為什麼」 • 希望得到所有朋友的喜歡 • 喜歡和朋友制定規則玩耍	「請協助讓我學會自己做。」

時期	年齡	發展階段特徵	來自孩子的訊息
兒童	6至8歲	• 大部分的事情都能自己來（換衣服、運動） • 能從長遠的角度來思考事情 • 可以更詳細地說明經驗、想法、感受 • 思考有邏輯，對規則或事物的善惡很敏感 • 能和大人順暢地對話 • 能讀書寫字 • 開始表現出脫離父母和家庭的獨立性 • 比起關注自己，開始會注意友誼和團隊合作 • 希望得到朋友的喜歡和認同	「請協助讓我學會自己思考。」

時期	年齡	發展階段特徵	來自孩子的訊息
兒童	9至11歲	• 肌力持續增強，精力充沛 • 認為事情黑白分明 • 對身體形象敏感 • 雖然尊重規則，但也對權威開始產生質疑 • 處理資訊的能力變強 • 會使用比喻 • 能夠書寫比口語更複雜的文章 • 喜歡團體學習 • 容易感受到同儕壓力 • 友誼更複雜，喜歡和同性朋友相處（根據自己的性別認同）	「請協助讓我學會自己思考。」

時期	年齡	發展階段特徵	來自孩子的訊息
青年	12至14歲	• 身體開始發生巨大變化（變聲、體毛） • 情緒容易變化無常 • 變得更在意身體形象和外表 • 會和別人做比較 • 重視群體歸屬感，得到朋友喜歡很重要 • 疏遠父母 • 對大人的價值觀提出質疑和反抗 • 渴望有隱私 • 有強烈的獨立慾望，也需要得到大人的認同 • 對生活圈以外的世界感興趣 • 容易感受到強烈的同儕壓力	「請協助讓我願意和你一起思考。」

時期	年齡	發展階段特徵	來自孩子的訊息
青年	15至17歲	• 身體繼續進一步變化（變聲、體毛） • 身高不再長高（女生） • 對身體形象、外表、物質（例如衣服、鞋子）很敏感 • 最大的煩惱是如何融入朋友圈 • 對浪漫的關係和性感興趣 • 比起父母更重視和朋友相處的時間 • 經常講粗話 • 能和大人一樣的溝通 • 有未來的期望，並能夠為此付諸實行	「請協助讓我願意和你一起思考。」

family field
親子田　親子田系列 044

這樣讚美與責備，養出高自尊孩子
精通蒙特梭利、瑞吉歐的牛津博士這樣和孩子說話
自分でできる子に育つ ほめ方 叱り方

作　　者　島村華子
譯　　者　陳冠貴
總 編 輯　何玉美
責任編輯　洪尚鈴
封面設計　楊雅屏
插圖排版　JGD

出版發行　采實文化事業股份有限公司
行銷企劃　陳佩宜・黃于庭・蔡雨庭・陳豫萱・黃安汝
業務發行　張世明・林踏欣・林坤蓉・王貞玉・張惠屏
國際版權　王俐雯・林冠妤
印務採購　曾玉霞
會計行政　王雅蕙・李韶婉・簡佩鈺
法律顧問　第一國際法律事務所　余淑杏律師
電子信箱　acme@acmebook.com.tw
采實官網　www.acmebook.com.tw
采實臉書　www.facebook.com/acmebook01

I S B N　978-986-507-390-9
定　　價　300 元
初版一刷　2021 年 6 月
劃撥帳號　50148859
劃撥戶名　采實文化事業股份有限公司
104 台北市中山區南京東路二段 95 號 9 樓
電話：(02)2511-9798　傳真：(02)2571-3298

國家圖書館出版品預行編目資料

這樣讚美與責備，養出高自尊孩子：精通蒙特梭利、瑞吉歐的牛津博士這樣和孩子說話 / 島村華子著 ; 陳冠貴譯 . -- 初版 . -- 臺北市 : 采實文化事業股份有限公司 , 2021.06　; 232 面 ; 14.8x21 公分 . -- (親子田系列 ; 44)
譯自 : 自分でできる子に育つ ほめ方 叱り方

ISBN 978-986-507-390-9(平裝)

1. 親職教育 2. 子女教育 3. 蒙特梭利教學法
528.2　110005985

family field
親子田

family field
親子田